LES
TONNES D'OR

PAR

LE VICOMTE PONSON DU TERRAIL

auteur de

La Tour des Gerfauts, les Cavaliers de la Nuit, etc., etc.

II

PARIS

L. DE POTTER, LIBRAIRE-ÉDITEUR

RUE SAINT-JACQUES, 38.

LES
TONNES D'OR

SUITE DES NOUVEAUTÉS EN LECTURE
DANS TOUS LES CABINETS LITTÉRAIRES

L'Usurier sentimental, par G. DE LA LANDELLE. 3 vol. in-8.
L'Amour à la Campagne, par MAXIMILIEN PERRIN. 3 vol. in-8.
La Mare d'Auteuil, par CH. PAUL DE KOCK. 10 vol. in-8.
Les Boucaniers, par PAUL DUPLESSIS. 3 vol. in-8.
La Place Royale, par madame la comtesse DASH. 3 vol. in-8.
La marquise de Norville, par ELIE BERTHET. 3 vol. in-8.
Mademoiselle Lucifer, par XAVIER DE MONTÉPIN. 3 vol. in-8.
Les Orphelins, par madame la comtesse DASH. 3 vol. in-8.
La Princesse Pallianci, par le baron de BAZANCOURT. 5 vol. in-8.
Les Folies de jeunesse, par MAXIMILIEN PERRIN. 3 vol. in-8.
Livia, par PAUL DE MUSSET. 3 vol. in-8.
Bébé, ou le Nain du roi de Pologne, par ROGER DE BEAUVOIR. 3 vol. in-8.
Blanche de Bourgogne, par Madame DUPIN, auteur de *Cynodie, Marguerite,* etc. 2 vol. in-8.
L'heure du Berger, par EMMANUEL GONZALÈS. 2 vol. in-8.
La Fille du Gondolier, par MAXIMILIEN PERRIN. 2 vol. in-8.
Minette, par HENRY DE KOCK. 3 vol. in-8.
Quatorze de dames, par Madame la comtesse DASH. 3 vol. in-8.
L'Auberge du Soleil d'or, par XAVIER DE MONTÉPIN. 4 vol. in-8.
Débora, par MÉRY. 3 vol. in-8.
Les Coureurs d'aventures, par G. DE LA LANDELLE. 3 vol. in-8.
Le Maître inconnu, par PAUL DE MUSSET. 3 vol. in-8.
L'Épée du Commandeur, par XAVIER DE MONTÉPIN. 3 vol. in-8.
La Nuit des Vengeurs, par le marquis de FOUDRAS. 5 vol. in-8.
La Reine de Saba, par XAVIER DE MONTÉPIN. 3 vol. in-8.
La Juive au Vatican, par MÉRY. 3 vol. in-8.
Le Sceptre de Roseau, par ÉMILE SOUVESTRE. 3 vol. in-8.
Jean le Trouveur, par PAUL DE MUSSET. 3 vol. in-8.
Les Femmes honnêtes, par HENRY DE KOCK. 3 vol. in-8.
Les Parents riches, par madame la comtesse DASH. 3 vol. in-8.
Cerisette, par CH. PAUL DE KOCK. 6 vol. in-8.
Diane de Lys, par ALEXANDRE DUMAS fils. 3 vol. in-8.
Une Gaillarde, par CH. PAUL DE KOCK. 6 volumes in-8.
George le Montagnard, par le baron de BAZANCOURT. 5 vol. in-8.
Le Vengeur du mari, par EM. GONZALÈS. 5 vol. in-8.
Clémence, par madame la comtesse DASH. 3 vol. in-8.
Brin d'Amour, par HENRY DE KOCK, 5 vol. in-8.
La Belle de Nuit, par MAXIMILIEN PERRIN. 2 vol. in-8.
Jeanne Michu, *la bien-aimée du Sacré-Cœur,* par madame la comtesse DASH. 4 vol. in-8.

LES
TONNES D'OR

PAR

LE VICOMTE PONSON DU TERRAIL

auteur de

La Tour des Gerfauts, les Cavaliers de la Nuit, etc., etc.

II

Avis. — Vu les traités internationaux relatifs à la propriété littéraire, on ne peut réimprimer ni traduire cet ouvrage à l'étranger, sans l'autorisation de l'auteur et de l'éditeur du roman.

PARIS

L. DE POTTER, LIBRAIRE-ÉDITEUR

RUE SAINT-JACQUES, 38.

CHAPITRE DIXIÈME

X

—

Pendant que la duchesse s'habillait, Michaël rentrait chez lui pour s'occuper activement de son départ.

L'éloquence caressante de la duchesse

avait suffi à calmer le dépit qu'il éprouvait de sa disgrâce, et chassé momentanément le souvenir de cette femme dont la vue l'avait si fortement impressionné.

Il écrivit donc au roi, selon l'usage officiel, une lettre respectueuse sans bassesse, fière sans morgue, pour lui demander son congé ; puis, cette lettre écrite, il fit appeler son valet de chambre, afin de lui donner quelques instructions particulières et de se procurer des chevaux de poste; mais, tandis qu'il s'entretenait avec lui, un capitaine des Suisses se présenta.

— Monsieur le duc, lui dit-il poliment, le roi m'envoie vers vous.

— Ah! dit Michaël qui crut à un retour de Louis XV, je suis à ses ordres.

Le capitaine sourit tristement.

— Je viens vous demander votre épée, dit-il.

— Arrêté! s'écria le duc qui bondit d'indignation. Le roi me fait arrêter ?

— J'en ai l'ordre formel.

Michaël songea alors à son dernier entretien avec la duchesse, à ce tableau charmant de bonheur à venir qu'elle venait de lui tracer avec le chaud coloris d'un poète, à cette existence d'amour qu'ils devaient recommencer pour oublier les cuisants soucis de l'ambition, et il faillit se révolter contre cette sévérité inouïe du plus grand des rois.

— Monsieur, dit-il à l'officier avec colère, je trouve le roi bien dur pour un homme qui l'a fidèlement servi.

— J'obéis, monsieur, répondit laconiquement le capitaine des gardes.

Ce mot fit rentrer Michaël en lui-même.

Michaël était devenu Français, il avait servi le roi de France : il devait obéir, lui aussi.

— Vous avez raison, monsieur, dit-il à l'officier naguère son subalterne, voilà mon épée. Dois-je vous suivre ?

— Oui, monsieur le duc.

— En quel lieu ?

— A la Bastille.

— Ai-je le temps de voir la duchesse ?

— Non, monsieur le duc ; la voiture est attelée dans la cour du château.

Michaël se leva sans mot dire, suivit le capitaine des Suisses, passa au travers d'un flot de courtisans muets et dédaigneux qui le saluèrent à peine, monta en voiture et roula vers Paris.

Trois heures après, il était à la Bastille.

La solitude est funeste aux orages du cœur; une fois dans sa prison, seul avec lui-même, Michaël se souvint.

Il songea à la Louve, dont la fin malmalheureuse l'avait à peine ému tandis que la duchesse l'enlaçait de ses bras; — il songea à cet amour emporté, rempli de passion sérieuse, de sombres désespoirs, d'extatiques tendresses, qu'elle lui avait vainement prodigué et qu'il avait foulé aux pieds ; et alors il revit l'image de cette autre femme qui lui rappelait son premier amour, de cette femme dont la vue avait jeté dans son cœur un trouble orageux ; et alors encore la duchesse disparut et s'effaça de sa pensée, et pendant deux jours et deux nuits, ivre de rage, hors de lui, cet homme si calme et si froid naguère heurta violemment aux verroux de sa prison et demanda sa liberté à tous les échos. Il voulait la rejoindre à tout prix.

Puis, au premier accès de délire succéda un morne abattement, une tristesse navrante, une de ces situations d'esprit qui, prolongées, conduisent inévitablement à la folie.

Il y avait trois jours qu'il était à la Bastille, sans qu'aucun bruit extérieur, aucune nouvelle du dehors, du roi, de la cour et même de sa femme, fût venu le distraire. Un geôlier silencieux venait deux fois par jour le servir à table et ne répondait jamais à ses questions.

Enfin, le soir, vers onze heures, au moment où les bruits divers de la prison d'Etat s'éteignaient un à un, à une heure où jamais être vivant ne pénétrait chez lui, la porte de sa prison s'ouvrit, son geôlier entra, puis, derrière ce geôlier, apparut une femme soigneusement masquée.

Michaël sentait qu'il devenait fou ; il crut l'être tout à fait et devenir le jouet d'une hallucination.

Alors la femme masquée congédia d'un geste impérieux le geôlier, qui se retira sans mot dire, et elle arracha son loup.

Michaël poussa un cri : c'était la comtesse !

C'était bien la comtesse en chair et en os qui pénétrait dans la prison de Michaël, comme le génie de la Délivrance.

La raison déjà ébranlée du duc faillit ne point résister à ce dernier coup; mais les femmes ont de ces sourires, de ces mots indicibles devant lesquels les abîmes entr'ouverts se referment, et qui suffisent à relever d'un jet les hommes que courbe la tempête.

La comtesse alla à Michaël, lui prit les deux mains, le regarda en souriant et lui dit :

— Dieu! que vous avez donc la fièvre,

mon pauvre cher duc! Je vous apporte la liberté, soyez donc fort et ne devenez point fou.

— C'est donc vous ? fit-il avec une inexprimable ivresse et la dévorant d'un brûlant regard.

— Il est tout simple que ce soit moi, duc, répondit-elle avec calme.

— Oh ! dit Michaël portant la main à son front, j'ai peur de faire un rêve.

— Vous ne rêvez pas, duc.

— C'est donc bien vous ?

— Et non mon ombre, duc.

— Vous, comtesse, vous?

— En chair et en os, mon pauvre duc.

— Mais dites-moi donc alors, dites-moi ce qui s'est passé, dites-moi que je ne suis point à la Bastille.

— Vous y êtes, duc.

— Mais c'est impossible; comment y seriez-vous venue?

— Tout simplement par la porte.

— Vous êtes donc une fée, un génie, bon ou mauvais, je n'en sais rien, que les verroux et les chaînes tombent sur votre passage?

— Un ordre du roi est la meilleure clé possible : elle ouvre toutes les serrures.

— Le roi ! le roi ! fit Michaël hors de lui.

— J'ai su ce qui vous était arrivé, mon cher duc; comment, pour moi, vous aviez été disgracié, maltraité, mis en prison...

— Oh! murmura Michaël, qu'est-ce que tout cela ?

— Et alors, je suis allée trouver le roi, j'ai prié... j'ai supplié...

— Ah ! fit Michaël d'une voix stridente, assez, madame, assez ! je devine !

— Vous ne devinez rien, mon pauvre duc, car la marquise de Pompadour s'est jointe à moi.

Un nouveau cri s'échappa de la poitrine de Michaël : c'était un cri de joie.

Et puis, il se mit à deux genoux sur le sol humide du cachot, il prit dans ses mains les mains de la comtesse ; il la contempla, muet et rayonnant, à la clarté de la lampe fumeuse que le geôlier avait laissée sur la table en se retirant, et il lui dit avec passion :

— Oh ! si vous saviez ce que j'ai souffert !

— Je le crois, dit-elle paraissant se méprendre : le roi a été si injuste, et puis on est si mal à la Bastille; voyez plutôt...

Elle fit le tour du cachot.

— Tenez, murmura-t-elle avec compassion, vous avez un grabat pour lit... vous, le colonel-général des Suisses, vous, le duc de Valseranges... un grabat que refuserait le dernier de vos laquais... Et quel jour! quel air! Un jour de souffrance passant au travers d'une grille, un air fétide, corrompu... Ah! duc, que je me repens d'être la cause de tous ces malheurs... Me pardonnerez-vous ?

— Si je vous pardonne ! s'écria-t-il ; vous me demandez si je vous pardonne ? Ah ! si vous saviez ce que j'ai souffert, si vous saviez quel brûlant sillon votre souvenir ouvrait dans mon cœur, si vous saviez avec quelle rage j'ensanglantais vainement mes verroux pour fuir, pour courir sur vos traces... si vous saviez...

Michaël, en parlant ainsi, couvrait de baisers les deux mains de la comtesse. La sueur ruisselait de son front, ses yeux étincelaient du feu de la passion et du délire; il était dans un de ces états de surexcitation morale que les femmes ont l'art difficile de calmer d'un mot.

— Duc, lui dit-elle, vous ne songez pas, j'en suis sûre, que vous faites un aveu. C'est, il faut en convenir, une bien grande ingratitude de votre part envers une femme qui vient à vous en libératrice.

Cette phrase produisit sur Michaël le réfrigérant effet d'une douche; il se releva lentement et dit :

— Je vous demande pardon, madame : je m'aperçois que je vous ai manqué de respect.

— Un peu, dit-elle avec un sourire qui corrigea la sévérité de cette réponse.

— Mais pardonnez-moi, madame, reprit-il avec tristesse ; les hommes sont ainsi faits, qu'ils ne sont les maîtres ni de leur cœur qui bat, ni de leur imagination qui fermente.

— Je vous pardonne en faveur de ces

trois mortelles journées que vous avez passées en prison à cause de moi.

— Oh! dit Michaël, j'étais malade déjà.

— Allez-vous recommencer, duc?

Et la comtesse eut un frais sourire qui encouragea Michaël plus qu'il ne l'intimida.

— Eh bien! madame, dit-il, tombe le ciel sur ma tête si je vous offense, mais il faut que je vous dise les tortures de mon âme et les rêves insensés de ma tête.

— Mon pauvre duc, interrompit-elle négligemment, vous allez me dire clairement que vous m'aimez : vous avez la liberté reconnaissante, et vous le croyez en me le disant, tandis que moi, qui vois chez vous plus clair que vous, je n'en crois pas un mot. Vous m'avez vue trois fois seulement, duc. La première fois, c'était à la chasse du roi : un rapport niais du niais lieutenant de police sur mon compte avait livré aux conjectures les plus bizarres l'imagination du roi et des favoris ses confidents; vous étiez du nombre. J'étais animée par une course de deux heures, je vous ai paru belle, et soudain vous vous êtes souvenu que vous aviez aimé jadis, je ne sais où, une paysanne aux mains rouges qui me ressemblait un peu... N'est-ce point cela ?

Michaël admirait la comtesse et ne répondait pas.

La seconde fois, continua-t-elle, c'était quelques heures après, au souper du roi. Nous autres Italiennes, natures ardentes et passionnées, selon vos poètes qui ne savent ce qu'ils disent, nous avons le faible d'être coquettes, enjouées, rieuses; un verre de vin de Champagne nous donne de l'esprit, quelques vers bien récités nous électrisent. Le vin d'Aï était bon chez le roi; il y avait là un rimeur dont le nom m'échappe, mais dont les parchemins valent mieux que les vers. Je les ai écoutés au travers d'une cascade de chambertin, ce qui fait que j'ai débité cent folies qui vous ont paru charmantes... et vous avez continué à me croire belle. Ai-je toujours raison ?

Un éclat de rire accompagna ces derniers mots; Michaël ne répondit point.

— Quant à la troisième fois, mon pauvre duc, poursuivit la marquise avec enjouement, c'était le matin, après une nuit d'insomnie passée à ma porte. On se figure aisément qu'on aime la femme pour laquelle on retranche tout ou partie de son sommeil. Il est des gens qui s'imaginent aimer celle sous le balcon de laquelle ils vont échanger, à minuit, une lettre suspendue à un fil de soie; et puis l'illusion s'en va, le voile se déchire, et ils reconnaissent qu'ils n'aimaient en réalité que la rue déserte, la nuit lumineuse, le fil de soie et les persiennes; quant à la femme, elle est descendue du balcon dans la rue, l'idole a perdu son piédestal. Eh bien! vous, mon cher duc, vous m'avez vue après une nuit semblable; j'étais agitée, vous dormiez debout, je vous ai paru intéressante, mes appréhensions, mes terreurs, m'ont assez bien drapée à vos yeux dans un manteau de vertu sévère qui vous a séduit... et puis, vous m'avez fait le sacrifice d'un devoir; on aime une femme aussitôt qu'on lui fait un sacrifice quelconque, et, la solitude aidant, vous vous êtes persuadé...

Michaël tenait toujours les mains de la comtesse, il en porta une à son cœur et lui dit :

— Sentez !

Son cœur battait à rompre sa poitrine.

— Emotion passagère, fit la comtesse avec insouciance.

— Passion qui tue, répondit-il sourdement.

— Bon ! allez-vous oublier que la duchesse de Valseranges est la plus séduisante des femmes... Je l'ai vu hier pour la première fois, elle m'a éblouie.

Au nom de sa femme, Michaël tressaillit et devint rêveur ; la comtesse profita habilement de cette diversion et ajouta :

— Mais remerciez-moi donc une fois, fou que vous êtes ! ne suis-je pas votre libératrice ?

Michaël porta une de ses mains à ses lèvres.

— Ne me remerciez cependant pas trop, poursuivit-elle, car je ne vous apporte que la liberté toute nue. Vous êtes toujours en disgrâce.

— Eh! que m'importe!

— Votre philosophie me plaît.

— S'il m'est permis de vous suivre en tous lieux...

— Ah! dit-elle négligemment, vous venez de dire là une chose qui tombe à merveille.

Michaël la regarda étonné.

— Car, tenez, duc, je viens remplir auprès de vous la mission de racoleur.

L'étonnement du duc augmenta.

— Mon ami, reprit-elle, — laissez-moi donc vous donner ce nom, — l'amour est la plus misérable des passions, croyez-moi : elle rend les hommes lâches et les femmes féroces. La femme qui n'aime plus est impitoyable et sans cœur, l'homme qui aime encore est ignoble et servile. Mais il est une passion autrement noble, autrement grande, et qui enfante des miracles, — c'est le dévoûment à un astre qui se couche, à un soleil qui s'éteint, à une cause tombée. Il est de par le monde, — ce monde semé d'heureux, ce monde insouciant et avide à la fois, qui passe au travers des siècles le rire du cynisme aux lèvres, le frisson de l'égoïsme au cœur. — il est un homme au front pâle et rêveur, un jeune homme à l'œil empli d'une morne et fière tristesse, qui erre de royaume en royaume, presque sans abri, quelquefois sans pain, et dont la tête rejetée noblement en arrière, et qui aurait le droit de regarder avec dédain la plupart de ces hommes qui ne prennent nulle garde à son passage.

L'accent de la comtesse avait revêtu une noblesse inouïe qui fascina Michaël. S'il n'eût su d'une manière irrécusable que la Louve était morte, s'il eût pu concevoir, un moment encore, la pensée que cette femme et son ancienne maîtresse ne faisaient qu'un seul être, les dernières paroles de l'Italienne l'eussent complétement désabusé.

La Louve aurait-elle jamais pu s'exprimer ainsi?

— Ce jeune homme, reprit-elle, est le dernier rejeton d'une longue race de rois;

c'est un monarque découronné pour lequel il serait beau et grand de mourir ou de vaincre.

— De qui donc parlez-vous, madame? demanda vivement Michaël.

— Du dernier Stuart, duc.

— Du prince Charles-Édouard?

— Oui.

— Et vous venez...

— Duc, continua l'Italienne, cessez de me parler d'amour. L'amour, chez moi, n'a point, n'aura jamais d'écho.

— Ah! murmura Michaël, ordonnez, je conquerrai le monde si vous l'exigez; mais laissez-moi croire, espérer...

— Soit, nous verrons. Écoutez-moi.

La comtesse s'assit sur le grabat du prisonnier et poursuivit :

— Il y a des liens mystérieux de famille, des liens qu'il ignore lui-même, entre le prince et moi. Ces liens, il ne les connaîtra jamais...

Michaël devint attentif.

— J'ai voué ma vie entière, ma fortune, mon sang, au prince Charles-Édouard ; le dévoûment a rempli mon cœur, et je ne me donnerai le droit d'aimer que le jour où il sera remonté sur le trône de ses pères.

— Oh! s'écria Michaël, en ce cas, je l'y replacerai moi-même !

La comtesse lui tendit la main.

— Vous êtes un noble cœur, lui dit-elle, j'attendais de vous cette belle parole.

— Donnez-moi une armée à commander...

— Une armée ? Eh ! mon Dieu ! vous savez ce qu'elles deviennent les armées destinées à restaurer les rois : le vent de la tempête disperse leurs vaisseaux.

— Dieu sera pour nous.

— Le roi n'a pas d'armée. Mais croyez-vous, duc, qu'une poignée d'hommes que renferme un seul navire, et qui descend un jour sur la terre que les orages politiques ont faite ennemie, qui y descend entourant un prince que la naissance a fait roi et que le malheur a sacré, une poignée d'hommes résolus et forts qui s'adresse à tout un royaume et s'écrie : « Ne prendrez-vous point notre épée pour bannière ? » croyez-vous que cette poignée d'hommes ne lève point des armées plus vaillantes, plus nombreuses que celles qu'on mendie à un roi allié ?

— Vous avez raison, dit Michaël.

— Eh bien ! reprit la comtesse, le prétendant est en France, sur les côtes de Bretagne. Un navire, le seul qu'il possède, est à l'ancre et le portera sous huit jours aux rives d'Écosse, lui et quelques serviteurs fidèles, quelques soldats de sa noble cause, dont la dernière goutte de sang est à lui tout entière.

— Je me joindrai à eux, dit Michaël avec enthousiasme.

— Duc, je ne me repens plus des revers apparents que vous venez d'éprouver. La France n'était que votre patrie d'adoption; l'Angleterre vous fera si grand et vous placera si haut, que vous ne regretterez point ce monarque assez ingrat pour vous punir de n'avoir point été l'aveugle instrument de ses passions. Venez...

— Où allons-nous?

— Hors d'ici, d'abord.

— Et ensuite?

— Je vous le dirai. Venez.

La comtesse prit la lampe, alla à la porte de la prison que le geôlier avait refermée et frappa.

La porte se rouvrit.

L'Italienne prit Michaël par la main et l'entraîna.

Hors du cachot, le duc, qui était entré à la Bastille dans son costume de colonel des Suisses et n'avait pu en changer, se sentit jeter un long manteau sur les épaules.

— Enveloppez-vous bien, lui dit la comtesse, il est inutile que nous soyons remarqués.

Ils se glissèrent tous deux à travers les longs et humides corridors de la prison d'État, sans détourner la tête, passant comme des ombres au milieu des muettes sentinelles, et ils arrivèrent ainsi dans la seconde cour, celle qui ouvrait par une poterne sur la place de la Bastille, du côté de la rue Saint-Antoine.

Toutes les portes s'étaient silencieusement ouvertes devant eux, la poterne roula pareillement sur ses gonds.

Un carrosse de voyage était au seuil, le marchepied baissé.

— Montez, dit la comtesse.

Elle y prit place à côté de lui, jeta une bourse au porte-clés qui souffla sa lampe, et, tandis que la poterne se refermait, la berline s'ébranla et partit au galop.

Michaël était tellement ému, tellement

impressionné, qu'il ne pouvait parler.

Elle était là, près de lui, sur le même coussin du carrosse, elle lui avait abandonné sa main, ils traversaient au galop les rues désertes de Paris, pour lequel, depuis longtemps, avait sonné le couvre-feu ; la nuit était lumineuse : c'était l'heure ou jamais de parler d'amour avec ce style magique que les poètes ne trouvent qu'auprès de la femme aimée, en de pareils moments, et que leur plume ne peut retrouver... Et cependant Michaël se taisait.

Était-ce un dernier remords, une dernière hésitation? Se souvenait-il vaguement de son entretien, de son entrevue dernière avec sa femme? Songeait-il, comme on songe à un rêve qui s'efface, à son bonheur passé et à ce bonheur futur qu'elle lui avait fait entrevoir en lui parlant de solitude et d'amour sous les grands saules?

Peut-être...

Toutes les angoisses du doute sont dans ce mot.

Mais tout à coup la comtesse lui dit:

— Vous êtes bien rêveur, duc.

Il tressaillit et répondit :

— Je songe à vous.

— On songe aux gens, répondit-elle avec un frais éclat de rire, quand on est séparé; on leur parle quand on est auprès d'eux. Vous songerez à moi tout à l'heure...

— Que dites-vous ?

— Que je vous quitte, duc.

— Vous me quittez ?

— Pour trois jours.

Et la voiture s'arrêta au coin d'une rue déserte et sombre, devant une petite porte bâtarde, qui s'ouvrit mystérieusement.

— Mais... voulut dire Michaël.

— Chut ! fit-elle, dans trois jours nous nous reverrons. Restez dans ce carrosse, il vous conduira où vous devez aller.

La comtesse descendit, donna sa main à baiser au duc, s'élança ensuite dans l'allée de la porte bâtarde, qui se referma sur elle, et le carrosse repartit, emportant Michaël, qui ne savait où il allait

# CHAPITRE ONZIÈME

XI

La disparition de la comtesse rejeta Michaël en sa rêverie, et il ne s'aperçut point que la berline de voyage, après avoir traversé tout Paris au galop de ses quatre chevaux de poste, courait maintenant sur une grande route bordée d'arbres et éclairée au loin par les rayons de la lune, comme un interminable sillon blanc.

Ce ne fut qu'au premier relais que la chaise, en s'arrêtant tout à coup, arracha le duc à ses méditations.

La chaise relayait au bord de la route, devant une maison isolée, qu'entouraient quelques maigres peupliers; quatre chevaux frais attendaient, tout harnachés. Michaël se pencha à la portière, et aperçut seulement alors ceux qui le conduisaient. Nous disons ceux, car le postillon, qui conduisait à la Daumont, était accompagné d'un laquais sans livrée, qui occupait le siège de la chaise de poste.

Cet homme était vieux et d'une physionomie assez insignifiante.

— Où sommes-nous? lui demanda Michaël.

— A Maisons, répondit-il.

— Où allons-nous?

Le laquais ne répondit pas.

— M'avez-vous entendu ? demanda impérieusement le duc de Valscranges.

— Oui, monsieur le duc.

— Alors, répondez.

— J'ai l'ordre de ne répondre qu'au terme de la route.

Et, comme il achevait ces mots, la berline repartit.

— Cette femme est mystérieuse, se dit Michaël, songeant à la comtesse, comme une héroïne de tragédie, avec la différence que cette dernière met tout le public dans le secret de ses mystères en les contant à une confidente.

La situation avait arraché cette semi-plaisanterie à Michaël. La chaise, en repartant, le replongea dans sa rêverie.

Penché à la portière, il considéra machinalement les coteaux que la lune découpait à sa gauche, et il reconnut les hauteurs de Marly, le lieu où, sans doute, sa femme était encore, priant et sollicitant le roi pour lui rendre sa faveur...

Une seconde fois, le remords pénétra au cœur de Michaël. On ne commet jamais une mauvaise action sans hésiter, et c'en était une que la fuite précipitée du duc, quelque chevaleresque que pût en être le manteau dont il la couvrait.

Michaël abandonnait follement la femme à laquelle il devait tout, rang, honneur, fortune, pour aller sacrifier sa vie à un prince dont à peine savait-il le nom la veille, auquel ne le liaient ni reconnaissance ni traditions, mais simplement le caprice d'une autre femme, la veille inconnue, et qu'il aimait passionnément sans pouvoir s'avouer le motif étrange de son amour.

A la clarté de l'astre des nuits passant au travers des arcades de l'acqueduc, Michaël put voir les tours du château royal où il vivait naguère heureux, honoré, dans une de ces hautes positions que n'auraient osé rêver les ambitieux Gerfauts, soixante années auparavant ; il les considéra longtemps et soupira...

Qui donc le forçait à partir ? La colère du roi qu'il avait servi et qui, lui, l'avait comblé de bienfaits, n'était-elle point un orage qu'un rayon de soleil, un sourire de madame de Pompadour dissiperait ? Ne pouvait-il donner l'ordre au postillon de rebrousser chemin, courir à Marly, se jeter aux pieds de la duchesse et lui dire :

— Je viens de faire un rêve étrange : il m'a semblé que je ne vous aimais plus. Prenez-moi vite dans vos bras, inondez mes épaules des flots de votre chevelure, regardez-moi avec ces grands yeux bleus qui me faisaient battre le cœur et ce sourire qui m'enivrait à l'Adlers-Nest; passez vos mains blanches sur mon front pour en chasser le cauchemar... dites-moi que je vous aime toujours...

Il y songea, car il secoua tout à coup brusquement le gland de soie qui correspondait au siége pour avertir le laquais.

Le laquais se pencha à la portière.

— Que désire monsieur le duc? demanda-t-il respectueusement.

— Faites arrêter.

— Monsieur le duc veut-il descendre?

— Non, je veux passer à Marly.

— Marly est loin.

— Qu'importe!

— Je ferai observer à monsieur le duc que c'est impossible.

— Impossible ! fit Michël avec hauteur, ce mot me déplaît.

— Il est nécessaire.

— Faites arrêter, vous dis-je, j'irai à pied, s'il le faut.

— Il m'est défendu d'obéir à monsieur le duc.

— Et qui donc, demanda Michaël avec colère, se permet...

— Nous n'avons point un instant à perdre, le lieu où nous allons est éloigné.

— Je n'irai pas.

— Monsieur le duc oublie sa promesse.

Michaël tressaillit.

— Madame la comtesse m'a dit cependant, ajouta le laquais avec calme, que c'était de son plein gré que M. le duc était monté dans la berline.

Et le laquais qui venait de parler ainsi, debout sur le marche pied, jugea l'explication suffisante et remonta sur son siége, tandis que la berline continuait à rouler.

— Le sort en est jeté ! murmura Michaël : cette femme est un serpent, elle m'enlace.

Il se replongea au fond de la chaise et rêva tristement jusqu'au jour, partagé entre sa passion ardente pour l'Italienne et le souvenir de son amour pour la marquise.

Au jour, les coteaux de Marly étaient loin, la berline courut en pleine terre normande, les arbres de la route fuyaient aux deux portières avec une effrayante vitesse, et le souvenir de la duchesse s'était effacé de nouveau dans le cœur de Michaël.

Pendant la journée qui suivit, le duc achevait d'oublier la cour, le roi, Blümmen, sa femme, le chevalier, tous les liens du passé, pour ne songer qu'à l'Italienne; — puis il fit des rêves de gloire, sa nature ambitieuse et chevaleresque reprit le dessus, il crut lire déjà son nom aux pages mémorables de l'histoire future, il se vit le restaurateur d'une race déchue, le Monck de son époque, et les derniers vestiges du remords s'en allèrent sous l'aile d'une bouffée d'orgueil.

La berline ne s'était arrêtée que quelques minutes le matin et dans le milieu du jour, pour lui permettre de prendre quelque nourriture. — Vers le soir, elle atteignit un relais isolé comme le premier, et sur la chaussée Michaël aperçut un cavalier.

Ce cavalier s'approcha. Michaël fit un

geste de surprise, il reconnut le chevalier de Morangis, son cousin.

— Ah! pardieu! s'écria celui-ci avec sa légèreté habituelle, voici qui est plaisant.

— Vous? dit Michaël.

— Moi-même.

— Où allez-vous?

— Je n'en sais rien.

— Qu'attendez-vous?

— Cette berline que je ne croyais pas vous contenir. Je vous croyais à la Bastille.

— J'en sors.

— Et moi, j'ai failli y aller.

Le chevalier jeta la bride au vieux laquais, mit pied à terre et monta dans la berline, à côté de Michaël.

— Mon cher ami, lui dit-il, votre femme avait raison.

— Ma femme? fit Michaël troublé à ce nom que le chevalier prononçait le plus naturellement du monde.

— Oui ; elle prétendait jadis, quand je devais l'épouser, que la vie était un roman.

— Ah! fit Michaël redevenu pensif.

— Et, palsambleu! je commence à le croire ; tout ce qui m'arrive ressemble fort à un de ces contes des *Mille et une Nuits* que l'abbé Galland prétend avoir inventés, et qu'il a simplement traduits de l'arabe et du persan.

— Expliquez-vous, dit Michaël.

— Je vais essayer ; mais c'est si embrouillé... Figurez-vous qu'hier, à onze heures, je monte chez le roi pour y remplir mes fonctions. Vous savez que Sa Majesté daigne se souvenir habituellement que j'ai été son page et que j'ai bien souvent porté ses billets doux aux dames de Marly.

— Je le sais.

— Or, quand elle s'en souvient, elle est d'une humeur charmante, et nous nous égayons ensemble aux dépens de tous les cimetières de Versailles et de Marly. Mais hier le roi me dit sèchement : « — Dites donc, chevalier, y a-t-il longtemps que vous n'avez mis le pied sur vos terres? — J'en ai si peu ! répondis-je. — N'importe! reprit le roi, charbonnier est maître chez lui, et, à Marly, vous êtes chez moi. » Je m'inclinai avec beaucoup de respect et répondis au roi : — Il paraît que Votre Majesté m'exile? Je ne sais vraiment en quoi j'ai pu déplaire... — Je n'aime pas les questions. — En ce cas, ajoutai-je d'un ton qui, je l'avoue, était passablement impertinent, je me permettrai de supposer que Votre Majesté me croit le complice de mon honorable cousin le colonel des Suisses, et s'imagine que je l'ai aidé à faire évader cette comtesse italienne. » Le roi m'arrêta d'un geste : « Chevalier, me dit-il, priez donc M. de Gontaut, capitaine des gardes, de demander une voiture, de vous y faire monter et de vous conduire ensuite à la Bastille. »

L'ordre était brutal, mais le roi est ainsi fait : quand ses amours vont mal, il s'en prend à tout le monde. C'est un vieillard quinteux et fantasque.

Michaël, malgré ses graves et tristes préoccupations, ne put s'empêcher de sourire à ce jugement porté sur le roi par son ancien page.

— Après? dit-il.

— Après, cher, j'allai trouver Gontaut et lui dis: « Il paraît que la Pompadour a trouvé un moment convenable pour me chagriner, et je vous conseille, pour achever de la mettre en joie, de me conduire sur-le-champ à la Bastille. » Gontaut s'inclina et me demanda mon épée. Dix minutes après, nous montions en voiture; mais nous n'étions pas à cent pas du château qu'un Suisse à cheval nous atteignit, et, au nom du roi, nous fit rebrousser chemin. « — Décidément, dis-je à Gontaut, le roi a peur de s'ennuyer, il s'amende et me rappelle. »

Mais le Suisse, au lieu de nous mener au château, nous fit entrer dans le parc et nous conduisit à un petit pavillon isolé dans lequel nous trouvâmes devinez qui, Michaël?

— Je ne sais; qui donc?

— Madame de Pompadour et...

— Et qui? fit Michaël agité d'un pressentiment.

— Et la comtesse, mon cher, la comtesse italienne, que vous vous êtes donné tant de peine à faire sortir de Marly.

— C'est étrange; murmura Michaël.

—Mais ce qui est plus étrange encore,

reprit le chevalier, c'est que ces deux femmes, qui ont failli être rivales, qui se haïssaient cordialement ou devaient inévitablement se haïr ; ces deux femmes, dis-je, étaient les meilleures amies du monde et s'accablaient d'amitié. Je me suis arrêté tout étonné sur le seuil du pavillon ; la marquise a eu pour moi alors le plus charmant des sourires. « — Bonjour, marquis, m'a-t-elle dit : Vous allez donc à la Bastille? — Je présume, madame, ai-je répondu sur le même ton, que vous m'en ouvrez un peu la porte. — Vous vous trompez, chevalier : je ne joue point de semblables tours à mes amis.

— Je ne croyais point avoir l'honneur d'être du nombre. — Vous vous trompiez, et pour preuve je vous dirai que je ne veux point que vous alliez à la Bastille — M'avez-vous choisi une autre prison? — Nullement. Je n'exige, pour vous rendre votre liberté à l'aide de ce blanc-seing du roi, que votre parole d'obéir à madame. Elle me désignait l'Italienne. J'ai répondu avec la courtoisie effrontée qui me caractérise: — Madame est si belle, qu'en vérité ma parole est bien inutile. — N'importe! donnez-la. — Qu'à cela ne tienne! je la donne. Alors la comtesse m'a dit: — Vous allez monter à cheval, vous prendrez la route de Rouen et vous la parcourrez à franc étrier jusqu'à ce que vous rencontriez un relais où l'on vous dira : Arrêtez-vous ! — Et alors ? — Alors vous demeurerez là et vous attendrez qu'une chaise de poste arrive ; car, bien que cette chaise soit partie de Paris il y a deux heures, la route que vous allez prendre abrégeant considérablement, vous arriverez avant elle. — Et puis ! — Vous monterez dans la chaise de poste à côté de la personne que vous y trouverez. — Et après ? — Et vous attendrez que la chaise s'arrête et qu'on vous dise où vous allez. — Est-ce tout ?

— Tout absolument. — Puis-je dire adieu à ma femme? — Peine inutile. — Il paraît, me suis-je dit, que je suis toujours prisonnier et que ma prison et une selle, en attendant que se soit une berline de voyage. On m'a congédié, j'ai mis le pied à l'étrier, et me voilà. Maintenant, où allons-nous? Je suppose que vous le savez?

— Oui et non. Rejoindre le prince Charles-Edouard d'Angleterre. En quel lieu, je n'en sais rien.

Et Michaël raconta au chevalier ce que

la comtesse lui avait dit, omettant les détails de son amour, comme une chose entièrement étrangère a la politique.

— Bon ! dit le chevalier, je vois ce que c'est ; madame de Pompadour a trouvé un moyen honnête de se débarrasser de moi. Je me ferai tuer pour le roi d'Angleterre, au lieu de causer cimetières et funéraillles avec le roi de France. Ce sera plus amusant peut-être...

Les deux voyageurs coururent toute la nuit, et le jour suivant la berline atteignit le côtes de l'Océan.

Alors le vieux laquais les fit descendre et leur dit :

— Prenez ce sentier qui longe la grève et suivez-le jusqu'à ce que vous rencontriez une maison de pêcheur au fond d'une petite anse ; c'est là.

Ils se mirent en route, cheminèrent une heure et atteignirent la maison indiquée.

La porte en était ouverte ; un feu de tourbe y flambait, et au coin de l'âtre, deux personnages étaient assis.

L'un était un jeune homme, l'autre une femme.

Et cette femme, c'était encore la comtesse.

— Voilà qui est étrange ! se dit le chevalier : je l'ai laissée à Marly et elle est ici avant moi !

— Cette femme est un démon ! murmura Michaël qui chancela fasciné.

CHAPITRE DOUZIÈME

XII

Rien de misérable comme l'aspect de de cette hutte sur le seuil de laquelle s'étaient arrêté Michaël et le chevalier :

Un feu de tourbe, quelques escabeaux taillés dans un bloc de chêne, un grabat sur lequel l'hôte provisoire de ce lieu avait dormi sans doute et qu'on avait eu le soin de recouvrir d'un manteau.

Nous connaissons la comtesse; mais son compagnon qui était assis au coin du feu lorsque les deux voyageurs arrivèrent, mérite une esquisse de quelques lignes.

C'était un jeune homme de ving-quatre à vingt-cinq ans, de taille moyenne, blond, pâle, avec des yeux noirs et des lèvres rouges ; les ardeurs passionnées du Midi unies aux signes caractéristiques de la beauté du Nord. Il portait la tête haute : son geste était noble, son regard fier et doux. Un justaucorps de couleur sombre, sans faveurs ni broderies, des bottes plissées et montantes, un grand manteau noir et l'épée longue des cavaliers anglais complétaient son costume.

Au bruit que firent les deux voyageurs en entrant, la comtesse se leva, les reconnut et alla à eux avec un sourire.

— Il paraît, dit-elle à Michaël, que les

chevaux du roi valent mieux que ceux de la poste.

— J'aime à le croire, dit le chevalier, car je vous ai laissé à Marly et vous retrouve ici, sans trop savoir comment.

— Chut! je suis une femme mystérieuse.

Elle prit Michaël par la main. Michaël trembla à ce contact; l'empire que prenait sur lui cette femme étrange devenait absolu.

— Monseigneur, dit-elle alors en s'adressant au jeune homme, qui, soit préoccupation, soit dignité d'étiquette, était demeuré auprès du feu sans manifester le moindre étonnement de l'arrivée des nouveau-venus, monseigneur, je vous présente le duc de Valseranges et le chevalier de Morangis.

Le jeune homme se leva, salua les deux gentilshommes avec courtoisie et leur dit :

— Je vous remercie, messieurs, de venir à moi. Vous êtes de nobles et braves cœurs.

Ces mots furent dits simplement, sans emphase, avec une expression de gratitude tempérée par ce sentiment de fierté, et peut-être de confiance sans limites en leurs subalternes, inné chez les races royales. Le jeune prince, car c'était bien le prétendant des trois royaumes, plut à Michaël : il était froid, digne et mélancolique, trois qualités aux yeux des Allemands. Le chevalier, au contraire, regretta presque Marly, et la mine funèbre du lieutenant de police, et les promenades avec le roi dans les cimetières de campagne.

— Messieurs, dit le prétendant, j'ai ouï parler de votre bravoure, l'Europe entière la connaît; vous venez avec moi, vous m'offrez votre épée...

— Oui, dit Michaël.

— Mais il m'est impossible d'en accepter le secours avant de vous avoir dévoilé tout ce que l'expédition que je médite a de témérité et de folie.

— Il est certain, pensa M. de Morangis, que si nous ne sommes que quatre pour conquérir les trois royaumes, nous aurons quelque peine à y parvenir.

— J'aime les expéditions téméraires et folles, monseigneur, répondit fièrement Michaël, qui regarda la comtesse.

Celle-ci l'encouragea du regard et lui sourit.

— Et mon cousin, poursuivit-il, le chevalier de Morangis, que voilà, est aussi bien que moi disposé à vous suivre au bout du monde.

— Certainement, dit le chevalier, qui murmurait à part lui : Michaël est amoureux fou.

— Duc, dit alors la comtesse, cette réponse est digne de vous, je l'attendais de votre courage et de votre chevaleresque sympathie pour une cause sacrée par le malheur.

Michaël s'inclina frissonnant. La voix de cette femme était une harmonie sans fin.

— Peu d'argent, un seul navire, reprit le prince anglais, une vingtaine d'hommes dévoués et braves, voilà mes seules ressources; et cependant j'ai la conviction qu'à ma voix l'Écosse se lèvera tout entière et que l'Angleterre imitera son exemple.

— Si les princes savaient ce qu'ils gagnent à se montrer, dit la comtesse, aucun n'errerait sur la terre d'exil.

— Vous avez raison, comtesse, répondit le prétendant; mais l'avenir est à Dieu seul, nul ne peut répondre du lendemain, et je ne puis accepter l'épée de ces gentilshommes sans leur montrer tout ce que mon projet renferme de périls réels et de faibles rayons d'espoir. Mes compagnons sont Anglais comme moi, nos races sont unies dans le passé et nos intérêts dans l'avenir. Ces gentilshommes, au contraire, me connaissaient à peine de nom il y a deux jours ; je ne suis pour eux qu'un prince étranger, un inconnu dont la fortune pâlissante importe peu à l'Europe.

— Monseigneur, dit Michaël avec calme, notre épée et notre vie sont à nous, il nous plaît de vous les offrir, pourquoi les tant refuser?

Le prince tendit la main à Michaël.

— Duc, lui dit-il simplement, j'accepte.

— Sire, répondit le duc, vous êtes roi de droit; Dieu aidant, vous le serez de fait.

Michaël se tourna vers M. de Morangis et parut l'interroger du regard. M. de Morangis était distrait; il se disait tout bas que c'était réellement bien ennuyeux d'avoir quitté Marly où il s'amusait fort, pour s'en aller guerroyer en Écosse, ce qui l'amuserait fort peu ; ce qui fit qu'il n'aperçut nullement le signe d'intelligence et le regard de Michaël.

— Eh bien? lui demanda celui-ci en hongrois, langue que le chevalier avait apprise avec Blummen.

— Dame! répondit M. de Morangis dans la même langue, puisque cela plaît à madame de Pompadour, il faut bien que cela me plaise.

— Vous partez donc sans enthousiasme ?

— Je ne suis point amoureux de la comtesse, moi, mon cher ami.

— Le suis-je? fit Michaël tressaillant.

— Comme un fou.

— Mais ce jeune prince...

— Je m'attache à sa fortune, puisque le hasard le veut, mais je suis parfaitement sûr que nous ne reviendrons jamais en France.

— Ah! dit Michaël rêveur.

— Mais *elle* est de l'expédition, cela suffit pour vous, n'est-ce pas? demanda le chevalier avec une inflexion railleuse.

Michaël haussa les épaules et termina ainsi ce rapide colloque échangé dans une langue inconnue en apparence au jeune prince et à la comtesse, mais que cette dernière comprit peut-être, car elle se tourna imperceptiblement vers Michaël tandis que M. de Morangis lui parlait. Des pas se firent entendre peu après hors de la hutte, et deux hommes apparurent sur le seuil.

Tous deux étaient grands, jeunes, forts, de haute mine.

L'un se nommait lord Douglas, l'autre sir Mac Ghuire; ils arrivaient du fond de l'Espagne se ranger sous les drapeaux du prétendant.

Charles-Edouard, ainsi se nommait le

jeune prince, se leva à leur vue, alla vers eux, leur serra la main et leur dit :

— Soyez les bienvenus, vous qui vous êtes souvenus de la fidélité.

Les deux Écossais saluèrent Michaël et le chevalier, puis ils regardèrent la comtesse et semblèrent surpris de sa présence.

Le prince les devina et leur dit :

— Madame est cette comtesse de Lupe dont vous avez certainement entendu parler, et qui m'a offert son or et ses bijoux pour solder nos troupes futures. C'est à elle que je dois l'inspiration qui m'amène ici et m'a fait vous convoquer; c'est elle qui m'a rendu, la première, un peu de courage et d'espoir, un soir qu'à Rome, dans le palais Pitti, je promenais un front nuageux et des pensées amères au milieu d'une fête. Elle vint à moi et me dit : « L'Angleterre est donc un pays maudit que son roi n'ose s'y montrer? » Je secouai la tête; elle continua : « S'il était besoin d'un navire pour gagner l'Écosse, de quelques marins pour l'équiper, d'un peu d'or et de pierreries pour soudoyer des troupes, je connais une femme qui serait heureuse et fière d'y employer sa fortune. » Cette femme avait tant de charme dans sa voix, tant de noblesse et de franchise dans son regard, qu'elle me fascina et me rendit quelque courage. « Monseigneur, poursuivit-elle, j'ai vingt-six ans, je suis veuve, riche, inoccupée; j'ai aimé, je n'aimerai plus ; mais les grandes émotions et les actions nobles et chevaleresques me séduisent. J'ai juré de dévouer ma vie à votre restauration, refuserez-vous ce sacrifice. »

En prononçant ces derniers mots, le

prince regarda l'Italienne. Elle avait les yeux modestement baissés, elle paraissait souffrir de ces éloges; et enfin elle saisit les mains du prétendant, les baisa et dit avec une indicible émotion :

— Assez, monseigneur! assez!

Les deux Écossais saluèrent de nouveau la comtesse, et, cette fois, avec une déférence, un respect qui parut du meilleur augure au chevalier.

Le prince avait parlé de la comtesse

avec un enthousiasme qui blessa Michaël et le rendit tout rêveur.

— Mon bon ami, lui dit tout bas M. de Morangis en se servant encore du dialecte hongrois, vous aimez la comtesse...

— Peut-être.

— Et c'est par amour pour elle...

Michaël tressaillit.

— Oui, oui, continua imperturbablement le chevalier, c'est par amour pour elle que vous suivez le prince en Écosse, comme je le suis par respect pour la Bastille, où je n'ai point voulu aller...

— Eh bien ? fit Michaël devenu sombre.

— Eh bien ! vous êtes un sot, mon ami.

— Comment l'entendez-vous, s'il vous plaît ?

— Regardez le prince... regardez-le bien... Il est beau, il est jeune, malheureux... il intéresse...

— Après? fit Michaël avec impatience.

— Il aime la comtesse, et la comtesse l'aime.

Michaël pâlit et ses lèvres tremblèrent.

— En êtes-vous sûr, demanda-t-il.

— Le contraire serait si surprenant, à moins que cependant...

Le chevalier s'arrêta.

— Mais parlez-donc! fit Michaël, dont la pâleur augmentait.

— A moins que ce ne soit son prétendù cousin, le marquis della Strada.

Michaël se souvint alors des paroles de la comtesse dans sa prison de la Bastille : « Un lien mystérieux m'attache à la fortune de Charles-Édouard, le prétendant des trois-royaumes. » Aussi ne s'arrêta-t-il qu'un moment au soupçon qu'avait fait naître l'insinuation du chevalier ; mais ce qui le mordit au cœur, ce qui le frappa, ce fut cette dernière phrase de M. de Morangis.

La comtesse, au milieu du groupe formé par le prétendant et les deux Écossais, n'avait pas perdu un seul mot de la conversation de Michaël et du chevalier.

— Nos amis, dit-elle, me semblent en retard ; il est près de minuit, et nous ne sommes encore que six. Monsieur le duc, ajouta-t-elle en allant à Michaël, voulez-vous m'offrir votre bras ? nous irons à la découverte.

Michaël eut le vertige ; il tourna brusquement le dos au chevalier et sortit, donnant la main à la comtesse.

—Monsieur le duc, dit alors l'Italienne,

n'ai-je point violenté votre volonté?

— Qu'entendez-vous par là, madame?

— Est-ce sans regrets que vous nous suivez?

— En pouvez-vous douter? murmura Michaël que cette voix charmait.

— Ne songez-vous point...

— A qui?

— A votre femme... fit tout bas la comtesse.

Michaël tressaillit.

— Vous savez bien que je vous aime, dit-il.

— Je ne veux point le savoir.

— Ah! dit-il avec dépit, le chevalier avait donc raison?

— Que disait le chevalier?

— Que vous aimiez le prince.

La comtesse se prit à rire.

— Comme un frère, dit-elle.

— Peut-être... mais le marquis?

— Mon cousin? Eh! mon Dieu! il est reparti pour Naples.

— Dites-vous vrai?

— Je vous le jure.

— Vous ne l'aimiez pas?

— Aucunement.

Michaël respira,

Ils cheminaient, en causant ainsi, au bras l'un de l'autre, à petits pas; Michaël s'enivrait de la voix enchanteresse de cette femme; il serrait avec bonheur sa main dans la sienne, et elle ne paraissait y prendre garde et continuait avec un adorable abandon :

— Ils tardent à venir, et cependant il faut que nous appareillions au point du jour.

— Un navire est donc en rade?

— Tenez, fit-elle, étendant la main

vers la haute mer, ne voyez-vous point là-bas, à l'aide de la nuit lumineuse, les voiles blanches d'un brick à l'ancre?

— Oui, répondit Michaël suivant la direction de cette main.

Les pas de plusieurs chevaux se firent entendre dans des directions diverses.

— Ah! s'écria la comtesse, enfin!

Et, en effet, du sud, de l'ouest et de l'est arrivèrent peu après, les uns à pied, d'autres à cheval, une vingtaine d'hommes, tous armés, qui entrèrent presque en même temps dans la hutte, et allèrent baiser la main du prétendant. Ces hommes se nommaient Derby, Morton, Salisbury, Glocester...

Tous appartenant à la vieille noblesse des trois royaumes, tous fidèles et prêts à donner pour le fils de leur vieux roi leur dernière goutte de sang.

— Mylords et messieurs, dit alors Charles-Édouard, puisque ma pâle étoile brille encore assez à vos yeux et que ma fortune chancelante ne décourage point vos nobles cœurs, puisque vous êtes tous réunis, partons! allons vaincre ensemble ou mourir!

Et le prétendant se leva, prit son épée et sortit le premier; Michaël et lord Douglas le suivirent.

Le pêcheur à qui appartenait la hutte qui venait de servir de lieu de rendez-vous aux compagnons de Charles-Édouard dormait dans une grande barque qu'on avait tirée sur la grève; le prince l'éveilla.

— A tes avirons, ami ! lui dit-il ; le jour va venir.

Le prince prit place le premier, à l'avant ; Michaël et le chevalier s'assirent auprès de lui, puis les autres compagnons du prétendant se rangèrent sur les bancs intermédiaires, et la comtesse monta la dernière en murmurant :

— Maintenant, Michaël, maintenant je te tiens, et tu ne m'échapperas pas.

CHAPITRE TREIZIÈME

XIII

Laissons le brick armé par la comtesse emporter aux rives d'Écosse le prétendant et sa faible fortune, et revenons à Marly, où, depuis deux jours, il se passait d'étranges choses.

Quand Michaël eut laissé sa femme pour aller s'enfermer chez lui et y préparer son départ, madame de Valseranges se jura d'abord qu'elle emmènerait Michaël si loin, qu'elle le déroberait si bien à tous les regards et à tous les souvenirs, que la comtesse ne le reverrait jamais.

Il était fort possible que la duchesse n'aimât plus beaucoup Michaël, mais, à coup sûr, elle ne voulait point renoncer à être aimée; et puis, le souvenir est le lien avec lequel les amours lassés se raccommodent.

Michaël parti, madame de Valseranges se souvint. Elle se souvint de la tour des Gerfauts, de cette nuit solennellement terrible où, à genoux, suppliante, en face de ces bandits au sombre et cupide regard, en face de la Louve, cette furie échevelée qui préparait une corde pour l'étrangler, elle vit soudain la porte s'ouvrir et Michaël apparaître comme le génie de la délivrance, de l'honneur et de la liberté.

Elle se souvint encore de ce jour où, dans les souterrains de l'Adlers-Nest, il s'était placé devant elle; son couteau de chasse à la main, pour se faire tuer, au milieu des ténèbres, avant qu'aucune arme, glaive ou pistolet, arrivât jusqu'à elle.

Et puis enfin, elle se souvint de cette matinée où, délivrée de Wilhem, libre de nouveau, elle avait poussé un indicible cri de joie en se jetant à son cou et lui disant : « Oh! tu ne me quitteras plus, n'est-ce pas? »

Ce dont les femmes se souviennent parfois avec bonheur, c'est bien plutôt l'instant où elles ont avoué leur amour, que celui où elles ont écouté un semblable aveu. Et alors elle revit Michaël, non plus comme il était maintenant avec ses dignités, ses charges magnifiques, ses habits chamarrés et son front rendu grave et pensif par les précoces soucis de l'ambition, — mais le Michaël d'autrefois, le jeune et beau Gerfaut, au visage mélancolique, au fier regard; — Michaël vêtu en bandit, le fusil sur l'épaule, suivi de ses chiens; — Michaël pauvre et loyal; superbe et modeste à la fois; — Michaël devant qui tout tremblait, et qui, lui, tremblait comme la feuille qu'emporte l'aile du vent d'automne, lorsqu'il était aux genoux de cette femme frêle et blonde qui frissonnait à un souffle et s'était mise sous sa protection.

La duchesse était une de ces femmes noblement trempées, que l'imagination emporte quelquefois bien loin, qui plient quelquefois aussi aux exigences mesquines des intrigues de cour et des brûlantes aspirations de l'ambition et de l'orgueil, mais qui reviennent tôt ou tard à leurs bons et charmants instincts, à leur nature primitive et calme, bien plus viciée en apparence qu'en réalité.

Quand elle se fut avoué qu'elle aimait encore Michaël, madame de Valseranges se dit et pensa ce que naguère elle lui avait dit sans trop le penser, que l'ambition et la faveur des rois étaient choses bien creuses, et qu'ils étaient fous ceux-là qui songeaient sérieusement à leur consacrer leur vie entière.

Elle était riche : elle avait, à une époque où les grandes fortunes commençaient à disparaître, environ deux cent mille livres de rente, des terres charmantes en Bretagne, en Touraine, où

Michaël pourrait satisfaire cette passion dominante de sa jeunesse, et que ses adeptes conservent jusqu'à la fin de la vie, — la passion de la chasse.

La duchesse aimait les arts et les lettres ; elle attirerait chez elle des poètes, des peintres, des sculpteurs ; elle mènerait une existence de châtelaine disgrâciée qui se moque de sa disgrâce et demande aux plaisirs, à la vie intime, à l'amour, ces amples compensations qu'ils offrent toujours à la faveur perdue, le plus mince des biens de la terre.

Madame de Valseranges en était là de son rêve, lorsque le chevalier de Morangis entra tout effaré.

— Duchesse, dit-il, savez-vous la nouvelle ?

— Je sais ce que vous venez m'apprendre.

— En vérité !

— Sans doute : Michaël est disgracié.

— Et vous le prenez aussi à l'aise ?

— Mon Dieu! oui.

— Mais tout est perdu !

— Non, il lui reste mon amour.

— Vous l'aimez donc toujours ?

— Je n'ai point cessé de l'aimer.

— Ceci est merveilleux.

— C'est tout simple.

— Et vous croyez que votre amour...

— Mon amour le consolera amplement de n'être plus colonel-général des Suisses.

— Hum! fit le chevalier, savez-vous qu'il est toqué de la comtesse?

— Il a pu l'être, il ne l'est plus.

— Vraiment?

— Nous partons dans une heure pour mon château de Touraine, nous y passerons bonne et joyeuse vie, et nous y serons bien plus heureux qu'à la cour. Je vous engage à nous y venir voir avec Blümmen.

— Ma pauvre duchesse, dit le chevalier d'un ton de commisération piteuse, je vois que vous ne savez absolument rien.

— Comment! je ne sais rien?

— Non. Vous ne partirez point dans une heure.

— Et pourquoi ?

— Parce que Michaël est déjà parti.

La duchesse ouvrit de grands yeux et se dressa vivement sur son séant.

— Il est parti depuis cinq minutes, en voiture, avec bonne compagnie.

— La comtesse... murmura madame de Valseranges qu'un étrange soupçon mordit au cœur.

— Oh ! rassurez-vous, duchesse ; la comtesse est partie seule. L'escorte de

Michaël était un capitaine des Suisses.

— Arrêté !

— Il va à la Bastille.

La duchesse bondit, et, saisissant un gland de sonnette, elle le secoua violemment.

Ses femmes accoururent.

— Allez-vous-en, chevalier, dit-elle ; je vais me faire habiller, courir chez le roi, et...

— Duchesse, le roi est parti.

— Parti ! le roi !

— Pour Choisy.

— J'irai chez la marquise !

— La marquise est peu en faveur aujourd'hui.

— N'importe ! je remuerai ciel et terre... je...

— Ma pauvre duchesse, interrompit le

chevalier avec une pitié comique, savez-vous que M. de Crébillon est bien coupable?

— Eh! que me parlez-vous de Crébillon! fit-elle avec impatience.

— Savez-vous, continua imperturbablement le chevalier, que si nous n'avions pas fait ce maudit voyage d'Allemagne, vous seriez aujourd'hui madame de Morangis et la femme la plus heureuse du monde...

La duchesse n'écoutait plus, elle s'était jetée vivement dans un cabinet de toilette qui communiquait avec sa ruelle, et elle y bousculait ses femmes pour se faire habiller.

— Ma parole d'honneur ! murmura le chevalier, il y a une chose merveilleuse chez les femmes : elle ne se repentent jamais des sottises qu'elles ont faites. Les philosophes et les savants, qui passent leur vie à étudier, disent-ils, les maladies du cœur humain, n'ont jamais songé à cela. Ces *espèces* sont des bélîtres, à com-

mencer par M. Rousseau et à finir par
M. Arouet, qui a tant d'esprit, que le roi
en a souvent la migraine.

Et, après cette tirade, le chevalier se
leva gravement, prit son tricorne, rajusta son épée entortillée dans les basques de son habit, secoua un œil de tabac
jaune répandu sur son jabot, et s'en alla
en disant :

— Bonjour, duchesse.

— Allez au diable! lui cria madame
de Valseranges.

Et elle mit la dernière main à sa toilette, se mira deux minutes pour s'assurer qu'elle était belle toujours, sachant par expérience que la beauté des femmes est une arme pour elles en toutes circonstances, et elle se rendit chez la marquise.

Madame de Pompadour, était au lit encore, elle avait les yeux battus, le teint défloré, et dans sa toilette de nuit un certain désordre qui accusait les préoccupations dont elle avait été victime depuis la veille.

— Bonjour, chère belle, dit-elle à la duchesse avec une tristesse parfaitement jouée. Vous venez me faire un compliment de condoléance, et je vous en remercie. J'ai donc encore des amis à la cour ?

La duchesse crut deviner, à la pâleur de madame de Pompadour, qu'elle ignorait le départ de la comtesse et les suites de la colère du roi.

— Marquise, dit-elle, je vois que vous ne savez rien.

— Oh ! dit la favorite avec une résignation admirablement jouée, le roi ne m'aime plus et je m'attends à tout. Cette femme, cette aventurière...

— Est partie, marquise.

— Partie ! exclama madame de Pompadour, qui feignit un étonnement profond et une grande joie.

— Il paraît que le roi l'a effrayée. Elle est partie ce matin à cinq heures.

— Seule ?

— Je le crois.

— En cachette?

— Comme bien vous pensez.

— Mais toutes les portes sont closes jusqu'à huit heures.

— On lui en a ouvert une.

— Sans l'assentiment du roi?

— Certes!

— Et qui cela ?

— Michaël.

— Cher duc ! fit la marquise avec une expression de reconnaissance qui parut fort sincère à madame de Valseranges.

— Et c'est pour cela que le roi, furieux, l'a disgracié.

— Que dites-vous ?

— Et envoyé à la Bastille.

— Impossible !

— Rien de plus vrai, marquise, et c'est pour cela que...

— Vous venez à moi?... Ah ! vous avez raison, duchesse, je ne vous ferai point défaut, croyez-le bien. Mais mon crédit...

— Votre crédit est le même.

— J'en doute.

— Vous avez de l'empire sur le roi...

— J'en avais.

— Vous en aurez encore. Dans huit jours, le roi aura oublié...

— Oh! mais c'est affreux! exclama la marquise. Comment! pour une bagatelle, le roi envoie ses meilleurs amis à la Bastille?

— Le roi est fantasque comme un enfant.

— Duchesse, dit la marquise, votre

mari ne mourra point pour deux journées de Bastille. Soyons prudentes : si je vais au roi, il me repoussera ; si je l'attends, il me reviendra avant qu'il soit peu...

— J'en suis persuadée, dit la duchesse, qui comprenait merveilleusement cette tactique.

— Et le premier emploi que je ferai de ma faveur reconquise, acheva la marquise, sera de vous rendre le duc.

La duchesse lisait dans les yeux de

madame de Pompadour, ou du moins croyait lire tant de reconnaissance pour Michaël, qui avait si puissamment contribué au départ de l'Italienne, qu'elle se leva toute rassurée et rentra chez elle décidée à attendre.

Le roi, selon les prévisions de la marquise, après avoir passé deux jours à Choisy s'y ennuya fort et trouva que quelque chose, qui n'était pas précisément la nièce du cardinal Fornarini, manquait à son existence. Et, après s'être consulté lui-même, le roi s'avoua que la marquise avait du bon, et que ce qu'il avait de mieux à faire, c'était de signer la paix avec elle.

Il revint donc à Choisy le soir, vers huit heures, se débotta et passa, sans se faire annoncer, chez madame de Pompadour, qui soupait alors, chose assez bizarre, avec du chocolat, et des meringues, comme une religieuse en carême.

— Bonjour, marquise, lui dit-il avec une bonhomie charmante.

— Bonjour, sire, répondit-elle avec le même ton de bonne humeur.

Et le roi passa la soirée chez la marquise et se retira à minuit, fort satisfait d'avoir gagné trois louis à d'Argenson, qui s'était résigné de la meilleure grâce du monde à être capot.

Le lendemain, dans l'après-midi; madame de Pompadour se rendit chez la duchesse, qui croyait devoir bouder, et lui dit :

— Tenez, voici l'ordre d'élargir le duc. Il sera à Marly avant minuit.

CHAPITRE QUATORZIÈME

XIV

—

Depuis trois jours qu'elle attendait Michaël, la duchesse s'était prise à l'aimer avec passion comme aux premiers jours de leur hymen. Elle l'avait attendu comme un amant, un fiancé dont on a été séparé violemment et que l'on va revoir après une cruelle et longue absence.

Quand la marquise lui dit : « Vous le reverrez ce soir, » madame de Valseranges poussa un cri de joie et courut s'enfermer chez elle pour y tuer le temps, pendant qu'un cavalier courait à franc étrier à la Bastille.

La soirée fut mortelle pour la duchesse ; lorsque minuit sonna, son cœur battit avec violence, et, penchée à sa fenêtre, elle écouta avec anxiété tous les bruits vagues de la nuit, croyant toujours distinguer parmi eux le galop du cheval de Michaël accourant vers elle; mais la nuit était silencieuse et calme, la lune éclairait au loin la route de Paris, et cette route était déserte.

Une et deux heures sonnèrent tour à tour aux horloges du château... rien !

La duchesse n'y tint plus, elle courut chez la marquise.

La marquise était au lit, elle commençait à s'assoupir, et bien que les gens éveillés en sursaut à leur premier sommeil soient d'ordinaire d'assez mauvaise humeur, madame de Pompadour reçut la duchesse avec un sourire et lui dit:

— Je comprends votre impatience, chère belle, mais rassurez-vous : le mousquetaire porteur de l'ordre d'élargissement est parti tard : il y a loin d'ici à Paris, il sera arrivé à la nuit tombante; le gouverneur de la Bastille, M. de Launay, est un homme pointilleux, à cheval sur les plus minces réglements, et qui ne lâche ses pensionnaires qu'après force hésitations. Il aura renvoyé à demain la mise en liberté du duc, sous le spécieux prétexte qu'à huit heures du soir les portes de la Bastille ne s'ouvrent plus.

— C'est désolant! dit la duchesse avec impatience.

— Calmez-vous, chère belle, vous verrez le duc demain. Le roi a signé, et vous savez que lorsque le roi le veut, le pape lui-même n'en pourrait mais. Rentrez chez vous, allez vous reposer un peu ; ce pauvre duc vous trouverait abattue et pâle demain, et c'est toujours chose fâcheuse pour une femme qui tient à être aimée.

La duchesse, malgré son inquiétude, se laissa convaincre ; elle se mit au lit et finit par s'endormir pour ne s'éveiller le lendemain que vers onze heures.

Michaël n'avait point paru.

Elle retourna éperdue chez la marquise.

— Voici qui est étrange, lui dit celle-ci, et je n'y comprends rien; je vais envoyer un mousquetaire à Paris.

— Oh! sur l'heure, n'est-ce pas?

— A l'instant.

Un mousquetaire partit. Celui qui, la veille, était allé porter l'ordre d'élargissement et qui, sa mission accomplie, avait jugé convenable de passer la nuit dans une taverne, croisa son camarade en route et arriva à Marly.

Aux questions précipitées de la duchesse, il répondit que Michaël, mis en liberté la veille, était sorti de la Bastille vers dix heures.

La duchesse faillit devenir folle.

— Je vais, dit-elle, envoyer le chevalier à Paris.

—Le chevalier n'est point à Marly, répondit Blümmen qui accourait, non moins éperdue que la duchesse.

— Où donc est-il ?

— Je ne sais, et nul ne le sait.

— Pardon, dit madame de Pompadour, je le sais, moi.

— Oh ! parlez, madame, s'écria Blümmen,

— Il est parti pour Londres avec une mission diplomatique secrète très importante ; il sera ici dans huit jours.

— Mon Dieu! exclama la duchesse, où donc est Michaël?

— Chère belle, répondit la marquise, je suis tout aussi inquiète que vous, et pour le savoir je ne vois qu'un moyen; dépêcher un courrier à M. d'Argenson, qui voit tout et qui sait tout.

— Oh! j'y cours moi-même.

La duchesse demanda des chevaux et s'élança au triple galop sur la route de Paris, où le lieutenant de police était retourné depuis le matin.

M. d'Argenson parut fort étonné de ce que lui annonçait la duchesse ; il la calma de son mieux et lui promit de savoir en moins de deux heures, ce que Michaël était devenu.

Blümmen avait accompagné madame de Valseranges.

Les deux heures demandées par le lieutenant de police s'écoulèrent pour les deux femmes dans une anxiété mortelle. La duchesse se livra aux suppositions les plus étranges, elle fit mille rêves plus horribles les uns que les autres, et elle faillit tomber foudroyée lorque M. d'Argenson lui eut remis la note suivante, écrite au crayon par un de ses agents :

« Le duc de Valseranges est sorti hier à dix heures de la Bastille, il était seul et à pied. On ne sait où il se rendait lorsqu'il a rencontré, au coin de la rue Saint-Antoine, un carrosse sans armoiries, attelé de deux chevaux, qui stationnait et barrait la rue.

» Une femme est descendue de ce

carrosse, elle a pris le duc par la main, l'a fait monter auprès d'elle, et le carrosse est parti au galop dans la direction de la route de Lyon.

» Cette femme qui a enlevé le duc n'est autre que la comtesse de Lupe, une Italienne qu'on a vue à Marly, il y a trois jours. »

A la lecture de ce fatal billet, là duchesse s'était évanouie. Revenue à elle elle voulut courir à Marly et arracher au roi l'ordre de faire arrêter la comtesse partout où on la rencontrerait.

Mais, dans la rue Saint-Honoré, tandis que son carrosse courait et que, la tête à la portière, elle examinait tous les passants croyant toujours apercevoir Michaël, elle reconnut un cavalier qui s'en allait, le nez au vent et le poing sur la hanche, comme un homme éminemment satisfait de lui-même.

C'était le marquis della Strada.

La duchesse poussa un cri de joie et fit arrêter son carrosse.

A ce cri, le marquis s'arrêta, remarqua la duchesse et s'approcha.

— Monsieur, lui dit-elle vivement, d'où venez-vous ?

— De la Bastille, madame.

— De la Bastille !

— Où l'on m'avait envoyé sans que je sache pourquoi et où j'étais depuis trois jours, lorsque ce matin on m'a prié de m'en aller.

— Dites-vous vrai ?

— Mais, sans doute.

— Et la comtesse ?

— Je suppose qu'elle est à Marly.

— Vous vous trompez, elle est partie.

— Partie!

— Emmenant mon mari.

— Ah ! voici qui est trop fort, s'écria le marquis. Madame, êtes-vous bien sûre de ne point faire un rêve?

— Monsieur, dit la duchesse avec

anxiété, je ne rêve point; il n'est que trop vrai, la comtesse est partie, elle est sur la route de Lyon à cette heure.

— Bon! dit le marquis avec calme, je sais où elle est.

— Vous le savez?

— Je le crois, du moins.

— Oh! parlez, monsieur, parlez vite!

— Elle se rend à un château qu'elle possède à Genève, au bord du lac.

— Cocher, cria la duchesse hors d'elle-même, tournez bride !

— Si vous le permettez, madame, dit courtoisement le marquis, je vous y accompagnerai.

— Ah ! exclama la duchesse, vous êtes un galant homme, monsieur.

— Et, de plus, je suis un peu le tuteur de cette écervelée qui vous enlève votre mari. Cocher, à la poste ! il nous faut des chevaux frais.

Et le marquis prit place dans le carrosse entre Blümmen et la duchesse.

— Oh! cette femme! cette femme maudite! murmurait madame de Valseranges avec rage. Si je la retrouve jamais!

— Belle dame, interrompit le marquis, votre courroux, je vous jure, ne peut égaler le mien.

— Comment l'entendez-vous?

— La comtesse vous enlève votre mari?

— Oui...

— Eh bien ! votre mari...

— Mon mari ? fit la comtesse étonnée.

— M'enlève à moi...

— Vous l'aimiez donc ?

— Très fort, je vous jure.

Cette complication dérangeait fort les plans de vengeance de la duchesse ;

quelque haine qu'elle ressentît pour la comtesse, pouvait-elle se venger si le marquis lui aidait à la retrouver, et après avoir convenu qu'il l'aimait et était trahi ?

Le marquis devina ce que pensait madame de Valseranges, et il se hâta d'ajouter :

— Rassurez-vous, je ne l'aime plus. Ah ! je la hais comme on hait une femme infidèle, une maîtresse coupable...

Le visage de la duchesse rayonna.

— Et je me vengerai !

— Moi aussi.

— Associons-nous, duchesse, continua le marquis ; c'est ce que nous avons de mieux à faire pour notre satisfaction commune.

— Oh ! Michaël, murmurait la duchesse sourdement, après notre dernier entretien, me serais-je attendue à une conduite aussi infâme ? Cette femme est donc un démon ?

— Ma foi! duchesse, dit le marquis, j'en dois convenir, ma belle cousine, qui a toujours eu une existence assez leste, possède un art de séduction merveilleux. A Rome, elle tournait toutes les têtes, à commencer par je ne sais quel cardinal sexagénaire et à finir par moi, qui m'improvisai son cousin.

— Vous ne l'êtes donc pas!

— Pas le moins du monde!

— Et cette femme est donc?...

— Une charmante créature, un peu mondaine peut-être, au demeurant femme de beaucoup d'esprit.

Une indignation terrible monta au visage de la fière duchesse, qui se voyait ainsi préférer une femme sans aveu.

— Savez-vous, monsieur, dit-elle au marquis, que votre conduite...

— Est légère, j'en conviens, madame, et si j'en avais pu prévoir les funestes conséquences...

— Mais cette femme a plu au roi ?

— Je le sais.

— Et ce que je ne comprends plus...

— Ah! pardon, je comprends très bien, moi : si la comtesse eût régné à Marly, elle serait morte sous huit jours.

La duchesse, de plus en plus étonnée, regarda le marquis, cet homme non moins étrange que l'étrange aventurière dont il avouait être l'amant.

— Je croyais qu'elle m'aimait, reprit le marquis, et lorsque je me fus aperçu, le soir de la chasse, qu'elle écoutait complaisamment les flatteries du roi et les hommages des courtisans, je lui annonçai qu'elle eût à quitter Marly dès le lendemain avec moi, si elle ne voulait faire connaissance avec la pointe de mon stylet.

Le marquis s'exprimait froidement et naturellement ; la duchesse ne put s'empêcher de le considérer avec un mouvement d'effroi.

— Mais, continua-t-il, sans paraître prendre garde à l'impression qu'il produisait sur les deux femmes, on vint m'arrêter pendant la nuit, et je ne pus la voir avant mon départ pour la Bastille. Sans doute qu'ignorant où j'étais... mais non, puisqu'elle est partie avec le duc... Tout ceci devient bizarre... Oh ! si je la retrouve ! acheva le marquis en jouant une jalousie effrénée et une profonde irritation.

Pendant qu'ils causaient ainsi, on était arrivé à l'hôtel de la Poste, où le carrosse de la duchesse avait été attelé de quatre chevaux.

Dix minutes après, le marquis, la duchesse et Blümmen couraient à fond de train sur la route de Lyon, et le marquis murmurait avec une joie sauvage :

— Enfin !

Ce mot était d'une éloquence terrible !

CHAPITRE QUINZIÈME

XV

—

La chaise roula sans s'arrêter pendant le reste de la journée, et ne s'arrêta qu'à la nuit pour relayer.

Le marquis, en homme de tact, avait cru devoir laisser la duchesse tout entière à ses pénibles réflexions ; il savait par expérience que les femmes sont assez portées à blâmer ceux qu'on excuse, et, par contre, à excuser ceux qu'on blâme.

Essayer de calmer l'irritation de la duchesse, c'était prolonger outre mesure cette irritation ; vouloir l'y entretenir, c'était, au contraire, en atténuer les effets.

Blümmen avait suivi madame de Valseranges par affection, par dévoûment, mais elle avait le flegme insouciant des filles de Germanie ; les événements dramatiques la trouvaient calme d'ordinaire, et elle regrettait assez sa brumeuse patrie pour ne point s'émouvoir outre mesure des infortunes conjugales de sa belle cousine.

Blümmen était donc demeurée aussi froide, aussi silencieuse que le marquis, pendant que madame de Valseranges, enfoncée dans un coin de berline, roulait dans sa tête blonde mille projets de vengeance.

Inspirer de la jalousie à une femme, c'est reconquérir en partie son amour? Michaël avait réussi tout à fait, sans qu'il s'en doutât le moins du monde.

La duchesse s'était reprise à l'aimer.

Elle l'aimait avec passion et colère; elle se promettait d'humilier son orgueil, de flageller son amour-propre, de lui reprocher son odieuse conduite en termes sanglants; et puis, elle s'avouait tout bas que ce premier flot de courroux épanché, elle se laisserait aller peut-être

à lui rouvrir ses bras, à l'y presser longtemps et avec passion, et à lui dire enfin :
« Je vous pardonne, ingrat ! mais si vous recommencez... »

Le marquis, en physionomiste habile, suivait, sur le visage de la duchesse, les phases diverses de ses pensées, qui se succédaient et changeaient de forme avec une merveilleuse mobilité.

Il la voyait passer tour à tour de la colère superbe à la tristesse abattue, des tourments de la jalousie aux vagues aspirations de l'espérance, et, vers le soir, il comprit que cette mélancolie sereine, que le coucher du soleil jette comme un voile sur la nature et qui parle si bien à l'âme, agissait enfin sur elle et la calmait peu à peu.

La chaise s'arrêta, au moment où la nuit tombait, à l'entrée d'un petit bourg de la Haute-Bourgogne.

La duchesse était demeurée cinq ou six heures muette et recueillie; c'était énorme pour une femme de France. Les filles des Gaules n'ont point l'habitude d'un si long mutisme. Elle éprouva alors le besoin d'échanger quelques mots, si insignifiants qu'ils pussent être, avec ses deux compagnons.

— Où sommes-nous? demanda-t-elle.

— Je ne sais, répondit le marquis, mais nous avons fait à peu près trente lieues.

Elle mit la tête à la portière, et, grâce aux dernières clartés du crépuscule, elle put examiner l'aspect misérable de l'auberge où la chaise relayait.

— Dieu ! que c'est laid ! fit-elle.

— En effet, répondit laconiquement le marquis, essayant par ces brèves réponses de faire parler la duchesse.

— Je meurs de faim, monsieur.

— Nous pourrions souper ici.

Elle fit une grimace expressive.

— Avec quoi, dit-elle, nous y empoisonnera-t-on ?

— Avez-vous faim, Blümmen ?

— Oui, répondit l'Allemande que ses tendances sentimentales n'avaient pu empêcher de songer qu'elle avait déjeûné à Marly avec le chocolat de madame de Pompadour.

— Et vous, monsieur? demanda la

duchesse au marquis, comme si elle eut eu besoin de consulter tout le monde avant de se résigner à un souper d'auberge.

— Mais, répondit l'Italien qui savait que c'est chose grave et déplorable pour un homme, aux yeux d'une femme, d'avouer qu'il a faim, je ne sais trop... cependant le plus sage, selon moi, est de nous arrêter ici, ne serait-ce que pour tremper mes lèvres dans un crû quelconque.

Et sans attendre la réponse de madame de Valseranges, le marquis sauta hors de la berline et offrit la main à Blümmen qui le suivit sur la chaussée.

— Emmenez vos chevaux, dit-il au postillon, nous nous arrêtons ici.

En dix minutes, les fourneaux de l'auberge furent allumés, les marmitons suèrent aux cuisines ; on servit peu après aux voyageurs un dîner brûlé, qu'ils dévorèrent, et d'excellent vin du pays qui rendit quelque gaîté à la duchesse.

Alors commença le rôle d'entrain du marquis ; il fit à la duchesse un cours de gastronomie qui lui rappela vaguement les aphorismes culinaires de feu l'oncle Samuel ; puis, des mets délicats, des civets de venaison, des pâtés d'an-

guilles et des bisques de faisan, le
chevalier passa aux crûs renommés de
l'univers, depuis le Joannisberg jusqu'au Constance, et il en apprécia, il
en fit ressortir les nuances diverses,
les qualités particulières avec le tact
merveilleux d'un gourmet émérite.

Et tout cela avec une verve intaris-
sable, pleine d'atticisme, de saillies
d'humour; — si bien que la duchesse
oublia un peu Michaël, peut-être même

l'oublia-t-elle tout à fait, tandis que Blümmen elle-même le déridait et consentait à épanouir son mélancolique et charmant visage.

Les vins bourguignons si légers qu'ils soient montent toujours un peu la tête et finissent par l'alourdir; — Madame de Valseranges, à la fin du repas, trempa vainement ses lèvres roses dans cette liqueur noire dont la mode n'avait pu passer quoiqu'eût fait l'hôtel Ram-

bouillet, dans le siècle précédent;
— malgré le café, elle laissa échapper un bâillement, puis deux, et elle se souvint que, la nuit précédente, elle avait fort mal dormi !

Alors elle hasarda cette question :

— Qui sait si l'on se couche, en Bourgogne ?

— C'est probable, répondit en riant le rusé Napolitain.

— Et dort-on? fit-elle langoureusement.

— Moins bien qu'à Marly, je le crains.

— Mais encore?...

— Quand on est las...

— Oh! je suis brisée...

Et la duchesse poussa un soupir mignard comme elle en exhalait à ses heures de migraines.

Le marquis n'en demanda point davantage, il se leva, alla trouver l'hôtelier et lui ordonna de préparer des logis.

Une heure après la duchesse et Blümmen, occupant la même chambre, dormaient du plus profond sommeil.

Nous ne savons si les rêves de Blümmen lui montrèrent le chevalier galoppant vers Londres, avec sa mission secrète, ou s'ils lui reflétèrent les sites riants, les montagnes vertes et les frais vallons de sa Hongrie bien aimée; — mais ce que nous pouvons affirmer, c'est que ni le hardi profil de la comtesse de Lupe, ni la silhouette de Michaël ne le dessinèrent dans ceux de la duchesse.

Un rayon de soleil, au matin suivant,

filtra au travers des volets vermoulus, se glissa dans la serge jaunâtre et ternie des rideaux et éveilla madame de Valseranges.

Blümmen dormait encore.

La duchesse se leva sans bruit, ouvrit la croisée et exposa son front à la fraîche atmosphère matinale :

On était alors au printemps, nous

l'avons dit, le ciel était pur, presque bleu comme le ciel de Provence ou celui d'Orient, les coteaux se baignaient dans de tièdes vapeurs azurées, les prés étaient verts, diaprés, et le mois de mai qui tirait à sa fin, avait voulu avant son départ, laisser un nuage de fleurs blanches sur les pommiers, — de fleurs bleues et jaunes au revers des ruisseaux.

Si le bourg qui avait paru si laid,

la veille, à madame de Valseranges, l'était en effet, la pauvreté de ses toits de chaume était rachetée amplement par la richesse et l'originalité du paysage.

Les collines qui encaissaient son bassin n'étaient point encore déboisées et couvertes de vignes comme elles le sont aujourd'hui ; au pied du bourg coulait une petite rivière sur laquelle il y avait une barque coquette dont la brise du matin enflait la misaine ; dans les champs, les laboureurs conduisaient leurs bœufs à la charrue et les pâtres leurs troupeaux au pâturage.

Cet aspect rustique si différent de la nature peignée et guindée de Marly et de Saint-Germain charma la duchesse qui murmura :

— Tiens, mais c'est fort joli tout cela !

Elle avisa, sur une hauteur, un petit castel coquet malgré ses tours grises et ses lézardes comme un élégant suranné, un castel à moitié perdu dans un massif de verdure et vêtu d'un maillot de vigne sauvage et de clématites.

Ayant pour ceinture un parc ombreux et fleuri ; un castel enfin comme on en souhaite quand on a de vieux parchemins inutiles et une maîtresse aux cheveux chatains, aux lèvres roses, fée nonchalante et frileuse qui adore la campagne à condition de ne jamais y cheminer.

La duchesse se dit qu'il ferait bon vivre deux dans ce castel et s'y aimer tout à l'aise pendant les belles matinées où tout est vie et lumière, et les soirées mélancoliques où la lune contemple en souriant les montagnes qui s'endorment après le départ de la brise.

De Michaël et de la comtesse, il n'en fut pas question dans l'esprit rêveur de madame de Valseranges ; les trahisons de la nature, en amour, sont incalculables.

Le marquis gratta à la porte, durant cette contemplation.

— Ah! c'est vous lui dit familièrement la duchesse.

— Moi-même, madame.

— Aimez-vous le paysage ?

— Je suis peintre.

— Eh bien ! regardez...

Le marquis s'accouda à la fenêtre, embrassa le panorama d'un regard et répondit fort négligemment :

— C'est ravissant !

— Et ce castel ? poursuivit la duchesse.

— Ah !

— Croyez-vous pas que la vie y doit être charmante ?

— En effet...

— J'ai bonne envie de le visiter.

— Vous oubliez, madame, dit froidement le marquis, le but de notre voyage. Les chevaux sont mis.

Ces mots rappelèrent à la duchesse tout ce qu'elle avait oublié ; elle devint rêveuse et sombre et éveilla Blümmen.

Les voyageurs repartirent et les

rôles changèrent par l'effet d'une habile tactique du marquis.

La veille, il était gai, léger, rieur, il paraissait prendre son parti de la trahison de l'Italienne ; ce jour-là, son visage s'assombrit, son œil eut de fauves éclairs, la tristesse erra sur ses lèvres en un sourire navré ; — et ce fut la duchesse qui, s'ennuyant à son tour, et prenant le dessus sur sa douleur, essaya de le distraire.

Une fois sur ce terrain, madame de Valseranges fut merveilleuse d'esprit, de curiosité, de bonne humeur ; elle accabla le marquis de questions sur les musées de Florence et de Rome, sur les sites sauvages des Apennins et les mœurs étranges des bandits qui les habitent ; — et elle fit tant et si bien que M. della Strada parut secouer sa noire mélancolie, et que, lorsque la nuit vint, il fut question de chercher un souper et un gîte.

Malheureusement le dernier relai

était dans une grange de laboureurs et la ville la plus prochaine, se trouvait à trois lieues plus loin, sur une hauteur, aux mourantes clartés du couchant; le marquis aperçut un château, un château illuminé comme pour une fête :

— Ah! pardieu! dit-il, le châtelain sera bien malôtru s'il ne met à nos pieds les clés de son manoir. Postillons, tournez à gauche !

— Vous avez là une idée charmante, s'écria la duchesse.

Et la chaise prit la route du château.

CHAPITRE SEIZIEME

XVI

La calomnie.

Le château aperçu par le marquis était un vaste édifice du moyen-âge, ceint de fossés, flanqué de tours, ayant l'aspect sévère, à première vue, d'une vaillante forteresse. Mais les nombreuses lumières disséminées aux divers étages de sa façade, les girandoles et les lanternes de couleurs suspendues aux arbres du parc, disaient, en revanche, que l'époque des siéges et des guerres féodales était passée, et qu'on s'amusait, à cette heure, dans la morne demeure des preux.

La chaise gravit au grand trot la pente douce et sablée d'une allée de tilleuls et de marronniers qui conduisait au pont-levis.

Ce pont-levis était baissé; les fossés étaient sans eau.

Par compensation, dans la cour du manoir, des valets en grande livrée se croisaient, allaient et venaient d'un air affairé.

On eût dit que le châtelain avait trois cents convives à sa table.

— Hé! marauds, leur cria le marquis,

lorsque la chaise se fût arrêtée en bas du perron, chez qui sommes-nous, ici ?

— Chez le baron Léopold, répondit l'un d'eux.

— Léopold de quoi ? reprit le marquis.

— Léopold tout court, monsieur.

— Un croquant ennobli, souffla le

marquis aux deux femmes; puis il ajouta tout haut :

— Votre maître donne-t-il l'hospitalité?

— Toujours.

— En ce cas, allez le prévenir qu'un gentilhomme et deux dames égarés loin de tout gîte honnête, et mourant de faim, lui demandent un souper et un lit.

— Si votre seigneurie veut nous suivre...

Le marquis mit pied à terre et servit de valet de pied aux deux femmes.

— C'est singulier, dit alors la duchesse, voilà tous les préparatifs d'une fête, et je n'entends pas le moindre bruit.

— Les convives sont à table, sans doute, dans l'aile opposée.

Le valet qui avait répondu aux précédentes interrogations du marquis, jugea convenable de se taire; et il se contenta de gravir le perron le premier, et de dire aux voyageurs :

— Veuillez me suivre.

Ils entrèrent dans un vestibule spacieux, éclairé magnifiquement; ils montèrent les degrés de marbre d'un vaste escalier à chaque repos duquel se trouvaient des corbeilles de fleurs rares; ils traversèrent plusieurs salles splendides, étincelantes de lumière; et salons, vestibules et escaliers ne leur parurent peuplés que de serviteurs, la plupart muets et tristes.

— Voici qui est mystérieux comme un

conte arabe, dit au marquis madame de Valseranges.

Le valet, qui les précédait toujours, poussa enfin les deux battants d'une porte et les introduisit dans la salle à manger.

Une table oblongue de cinquante couverts, mais entièrement déserte, était surchargée du plus somptueux des repas; mets exquis, vins généreux, fruits et fleurs exotiques, vaisselle opulente et écussonnée... rien n'y manquait.

— Il paraît, observa le marquis, que les convives du baron Léopold sont en retard.

— Si votre seigneurie veut se mettre à table, et faire à ces dames les honneurs du souper...

— Du tout, observa la duchesse, nous attendrons les invités...

— Il n'y a pas d'invités.

— Comment? qu'est-ce à dire?

— J'ai eu l'honneur de dire à madame, répéta le laquais, qu'il n'y avait point d'invités, M. le baron n'attend personne.

— Voici qui est bizarre; et vous devriez bien nous expliquer...

Le laquais se tut.

— Alors, dit le marquis, nous attendrons au moins le baron.

— M. le baron ne paraît jamais qu'au dessert.

— Ah! s'écria la duchesse qui, une fois de plus, oubliait Michaël et la comtesse, ceci est charmant! nous sommes dans un palais des *Mille et une Nuits.*

Le laquais ne répondit point, s'inclina gravement et sortit.

— Ma foi ! dit le marquis, laissons au temps le soin d'expliquer ce mystère, et, en attendant notre magnifique amphytrion...

— Soupons, acheva la duchesse, complétant ainsi la pensée du marquis.

Les trois voyageurs firent largement honneur au splendide festin qui leur était offert ; une heure s'écoula ; aucun valet ne paraissait, et ils purent se livrer aux commentaires les plus bizarres sur leur hôte invisible.

Le souper était servi en manière d'ambigu ; tout était sur table, et l'appétit des convives effleura à peu près tout.

Au moment où le marquis laissant les venaisons et les volailles, servait à la duchesse d'une certaine crème hongroise, le laquais qui les avait introduits dans la salle à manger, se montra de nouveau, ouvrit les deux battants de la porte et annonça :

— M. le baron.

La duchesse, Blümmen et le marquis levèrent la tête avec une vive curiosité.

Un homme vêtu de noir était sur le seuil.

Cet homme était jeune : vingt-cinq ans peut-être ; il était pâle, triste, il marchait avec lenteur.

Sa figure entièrement rasée était régulière sans être précisément belle ; toute sa personne avait un cachet de froide distinction, de noblesse mélancolique qui étonna les convives.

Il s'avança vers eux, salua profondément les deux femmes, s'inclina avec courtoisie, mais sans déférence respectueuse, devant le marquis, ce qui signifiait qu'il le considérait comme son égal, et vint s'asseoir ensuite au haut bout de la table.

— Je vous remercie, mesdames, et vous, monsieur, dit-il d'une voix triste et grave, d'avoir bien voulu me demander l'hospitalité. Il m'arrive si rarement de recevoir des étrangers, que c'est un bonheur pour moi...

La duchesse s'était promise d'accabler

le mystérieux amphytrion de questions; — elle ne l'osa à la vue de ce personnage étrange, dont la table supportait cinquante couverts, et qui avouait que, bien rarement, des étrangers s'arrêtaient chez lui; — dont le manoir était illuminé et respirait les apprêts d'une fête, et qui se présentait à ses hôtes avec des habits de deuil.

— Mesdames, reprit le baron, je ne sais si mon majordome vous aura satisfaits; il se néglige parfois.

— Votre souper était exquis, monsieur le baron.

Le baron s'inclina en signe de satisfaction.

— Vous n'attendiez donc personne? demanda la duchesse enhardie.

— Personne, dit tristement le baron.

— C'est singulier! murmurait Blümmen en l'examinant attentinement, il me semble que j'ai vu cet homme quelque part.

— Mais enfin, insista la duchesse, cette table, ces couverts...

Une tristesse profonde, amère, navrante se répandit sur le visage du baron, la duchesse comprit que sa question lui causait une vive douleur et elle s'arrêta.

Le baron s'était mis à table pour avaler une gorgée de vin et manger quelques cuillerées de confitures.

Il frappa deux coups de baguette sur un timbre d'argent et demanda le café.

Le café fut servi dans du vieux saxe, accompagné de pâtes orientales du meilleur goût et de liqueurs des îles.

Les convives du baron remarquèrent

alors que cet homme, qui s'était montré d'une sobriété exagérée, buvait coup sur coup plusieurs tasses de café auquel il mêlait des liqueurs en abondance.

Tout à coup, dans la pièce voisine, une musique délicieuse, entraînante, se fit entendre, exécutant les mélodies les plus folles, les motifs les plus gais de l'opéra d'alors ; — puis aux mélodies succéda une valse allemande, une valse qui eût fait frissonner de plaisir les morts d'un cimetière ; et alors, le baron

se leva gravement, et il dit à Blümmen :

— Voulez vous, madame, m'accorder cette valse ?

La duchesse et le marquis se regardèrent avec stupéfaction, et Blümmen, interdite, attendit que le baron renouvelât sa demande.

— Madame, répéta-t-il, voulez-vous prendre ma main ?

Blümmen se leva et s'appuya sur la main du baron.

— Palsembleu! dit le marquis en s'approchant de la duchesse, puisque le bal s'ouvre, vous ne refuserez pas...

— Oh! non, certes, répondit-elle avec un entrain qui faisait l'éloge des vins généreux du baron, nous allons valser jusqu'à l'évanouissement complet.

Elle se leva comme s'était levée Blümmen, et s'appuya sur le marquis.

Tout aussitôt une porte s'ouvrit dans le fond, et les convives aperçurent une salle de bal merveilleusement illuminée.

Le baron y entraîna Blümmen et la fit soudain tourbillonner, tandis que le marquis emportait la duchesse à son tour.

Quant à l'orchestre, il était invisible.

Ce fut une valse échevelée et folle, une ronde infernale pendant laquelle il sembla aux deux femmes que leurs cavaliers avaient des regards étranges et fauves et une haleine de feu ; une valse qui dura vingt minutes, et à la fin de laquelle les quatre danseurs allèrent tomber épuisés sur les sofas qui garnissaient la salle.

Alors le baron regarda ses hôtes et leur dit avec un soupir de satisfaction :

— Ah ! il y avait bien longtemps que je n'avais valsé !

CHAPITRE DIX-SEPTIÈME

XVII

Cet homme triste et vêtu de noir, ce mélancolique personnage que personne, de son propre aveu, ne s'avisait de visiter et qui venait de valser avec tout l'entraînement, toute la passion de la jeunesse heureuse qui s'abandonne à l'ivresse du plaisir, parut plus bizarre à ses hôtes, lorsqu'il leur dit :

— Ah ! il y a très longtemps que je n'ai valsé.

La duchesse le regarda avec un étonnement croissant et une sorte de joie naïve, avouons-le, car elle n'avait point encore renoncé à son amour du merveilleux et du romanesque.

Quant à Blümmen, elle demeurait pâle, haletante, sans voix, presque éperdue, sur ce canapé où son étrange danseur l'avait déposée, au moment où s'éteignait la dernière note de la valse.

Et là, elle attachait sur lui un regard ardent, le regard de ceux qui cherchent à lire un nom oublié sur un visage qui leur rappelle de vagues et lointaines souvenances.

Elle le regardait, se demandant tout

bas où elle l'avait déjà vu, et dans quelle nuit fatale ou dans quel jour solennel ce visage pâle, ces yeux étincelants lui étaient apparus...

Il lui avait semblé, durant cette ronde infernale, que la figure triste et morne du baron brillait d'une étrange joie, et que son haleine était embrasée comme le souffle d'un démon.

Pour la duchesse, qui n'avait nullement la mémoire des physionomies, elle n'avait remarqué qu'une chose, c'est que le marquis était le cavalier le plus accompli, le danseur le plus intrépide qu'elle eut jamais rencontré ; ce qui ne l'empêcha nullement de regarder le baron avec une vive curiosité, et des yeux qui signifiaient :

— Parlez donc, je vous prie, je meurs d'envie de savoir.

Le baron, soit qu'il l'eut compris, soit

qu'il eut l'intention de faire des confidences à ses hôtes, poursuivit presque aussitôt :

— Savez-vous bien ce que c'est que la valse ?

— Mais, interrompit la duchesse, c'est une danse très agréable et très à la mode, depuis le dernier siècle, surtout.

— La valse, reprit le baron avec feu,

c'est une ivresse de sons et de pas, un entraînement irrésistible, un thermomètre infaillible du cœur humain. La valse naquit un jour, en Bohême, de l'union d'un chant avec un baiser. Deux paysans grossiers mais beaux comme les anges, deux gitanos qui, sous leurs haillons et leurs rouges oripeaux rappelaient, par la correction sublime de leurs formes, l'Apollon et la Vénus du paganisme, qui, dans leur langage corrompu, leur dialecte mélangé de tous les dialectes, avaient les expressions colorées des poètes et improvisaient, mieux que les maîtres, une musique enchanteresse, — deux gitanos, dis-je, s'enlacèrent, un soir, sous les pins gigantesques de leur verte patrie, ils s'enlacèrent étroitement, fredonnant une chanson et, tout à coup, leurs pieds s'agitèrent, leurs cœurs bondirent, un nuage passa sur leurs yeux, ils glissèrent sur le sol, emportés par un tourbillon étrange et inconnu, et, lorsqu'ils s'arrêtèrent éperdus, palpitants, enivrés, — la valse venait de naître. Si les anciens eussent connu la valse, ils auraient placé Terpsichore au sommet de l'Olympe, bien au-dessus de ses huit sœurs.

Lorsque vous voudrez savoir ce que le cœur d'une femme renferme d'amour passionné, d'élans sublimes, de nobles aspirations, faites-la valser.

Les femmes qui n'ont pas de cœur n'aiment point la valse ; celles qui n'en ont plus valsent par habitude, mais le feu sacré s'est éteint...

La duchesse et le marquis écoutaient attentivement; Blümmen avec enthousiasme.

Chaque mot du baron pénétrait à son cœur comme un trait de flamme.

— Aussi, continua le baron, merci mille fois à vous, madame, qui avez bien voulu tournoyer avec moi pendant quelques minutes... il y avait si longtemps !

Et le baron exhala un soupir dont le sinistre écho descendit comme un glas funèbre dans le cœur de ceux qui l'écoutaient.

— Mais, dit la duchesse, puisque vous aimez si fort la valse, pourquoi, monsieur, ne vous donnez-vous point cette satisfaction plus souvent?

— Ne suis-je pas toujours seul? murmura tristement le bizarre châtelain.

— Et qui vous force à vivre seul? vous êtes gentilhomme, vous paraissez riche vous avez des voisins de campagne...

— Je ne veux point les voir, répondit-il d'un air sombre.

— Alors, pourquoi cette fête imaginaire?...

Le baron soupira de nouveau.

— Ne serait-ce pas plutôt, continua la duchesse avec défiance, que vous avez été prévenu de notre passage et que vous avez voulu nous faire la plus adorable des plaisanteries?

— J'ignore votre nom, madame.

— Bah!

—Et d'ailleurs, reprit-il tristement,

j'ai trop souffert pour jamais songer à plaisanter.

Blümmen regardait anxieusement le baron.

— Cette fête imaginaire, poursuivit-il, se renouvelle tous les soirs. Les bougies brûlent chaque nuit jusqu'au matin, l'orchestre résonne, les parfums changent l'air des salons... c'est une fête que je me donne...

— Singulier goût, monsieur!

— Et alors il me prend parfois, comme aujourd'hui, un ardent besoin de valse... un désir effréné...

— Eh bien! n'avez-vous pas, au château, quelque femme de chambre, quelque fille de service jeune et jolie que vous puissiez parer à votre guise, pour une heure ?

— J'y ai songé souvent, madame, mais savez-vous bien que si j'agissais ainsi, je mourrais avant un an ?

— Bon, dit la duchesse en riant, voici

un nouveau mystère. Vous êtes un conte arabe en chair et en os.

— Les contes arabes sont plus gais que moi...

— Et moins étranges !

—Vous ne savez donc pas, madame, que pendant les vingt minutes qui viennent de s'écouler, je me suis abreuvé de la plus fatale des ivresses, et que le bonheur dont j'ai joui me coûte dix années d'existence.

— Oh ! monsieur, fit la duchesse avec une moue charmante, c'est mal à vous, je vous jure, d'abuser ainsi de la reconnaissance de nos estomacs pour nous faire mourir de curiosité.

— Je le vois, dit le baron avec son

sourire mélancolique, vous voulez savoir mon histoire.

— Ah! je crois bien! s'écria madame de Valseranges, tandis que Blümmen, muette, semblait attendre cette histoire avec anxiété.

— Si votre histoire, dit alors le marquis, est aussi bizarre que votre château et votre personne, cher hôte, nous ne dormirons pas de la nuit.

— Que serait-ce si vous ne dormiez jamais ? répondit froidement le baron.

Personne ne releva ces derniers mots.

Les trois hôtes du châtelain voulaient, sans doute, par leur silence, l'encourager à parler.

— Vous voulez savoir mon histoire, reprit le baron. Elle est triste, fort triste, je vous jure, et je ne l'ai jamais dit à personne. Peut-être éprouverai-je une grande douleur en vous la contant, mais je vous la dois, je le sais, pour tous les mystères, ridicules en apparence, dont vous avez été enveloppés dès votre arrivée au château.

Si la curiosité ne les eut rendus féroces, bien certainement les convives du châtelain se seraient tous écriés :

— Puisque ce récit vous doit affliger, nous ne vous le demandons plus ; mais aucun d'eux n'y songea, et le châtelain continua au milieu d'un profond silence :

— Je ne vous raconterai point mon existence antérieure au drame qui a brisé ma vie; elle ressemble à toutes les existences de gentilshommes de notre temps. A vingt-deux ans, j'étais riche, je portais un grand nom, j'avais un rang et une charge à la cour, je menais un train fastueux.

— A quelle cour? interrompit la duchesse à qui venait un vague souvenir d'avoir vu le baron quelque part.

— A la cour de Vienne, répondit-il.

— Ah! dit-elle négligemment.

Il reprit :

— L'empereur me confia une mission diplomatique en Pologne, auprès du roi Stanislas qui régnait encore. Fatale mission! elle devait être l'axe de la roue impitoyable qui briserait ma vie. Un soir, à Varsovie, le roi donnait une fête splendide. C'était en été, au mois d'août. Les étés de Pologne ressemblent aux printemps de France. Les jardins du palais avaient été convertis en salle de bal et chaque arbre était devenu une gerbe de feu, tant on avait multiplié les girandoles.

La musique d'un régiment prussien cantonné aux frontières était venue composer l'orchestre.

On dansait partout, sous les dômes de verdure et dans les salons.

Mais la reine du bal, celle qui enivrait et attirait les regards bien plus que les magies de la fête, c'était une princesse valaque de dix-huit ans, vêtue à l'orientale, brune et dorée, comme vous, madame...

Et le baron s'inclina devant Blümmen.

— Belle, presque autant que vous

et qui s'en allait le front penché et triste, au bras d'un vieil époux morose et grondeur.

Il avait bien soixante ans ; son visage d'aspect farouche était couvert d'une barbe épaisse, son œil avait de fauves et sinistres lueurs, ses cheveux blancs et crépus tombaient sur ses épaules comme une laine inculte, et dans sa houppelande de fourrures, avec ses bottes de cuir raide et bouilli, garnies de lourds éperons, il représentait assez bien ce paysan du Danube dont parle le fabuliste.

L'accouplement, l'union indissoluble de cette femme étincelante de beauté, de grâces, de jeunesse, avec ce rugueux seigneur, ce sauvage revêtu d'un pouvoir souverain dans sa sauvage patrie, était, aux yeux de tous, une monstruosité, une de ces aberrations, un de ces jeux cruels du hasard, qui font horreur.

Cet homme était jaloux de son ombre. Les tigres de l'Inde sont pâles dans leur colère auprès de ce qu'il était quand le regard indifférent d'un homme, s'arrêtant tout à coup sur sa femme, exprimait l'admiration.

Pendant cette nuit de folie, chaque fois qu'elle valsa, il tourmenta d'une main crispée la poignée de son cimeterre et la crosse des longs pistolets qu'il avait dans sa ceinture.

Et moi, me souciant peu de ce tigre

et de ses yeux furibonds, muet et immobile dans un coin, je contemplais cette femme avec délire et désespoir, je sentais qu'un amour immense naissait en moi, et je me disais que pour la posséder, pour être aimé d'elle, un seul jour, je serais assez fort, assez puissant pour bouleverser la terre, y renverser un trône et m'asseoir, triomphant, sur ses débris.

Quand elle passait, haletante, au bras d'un autre, je me sentais aussi furieux, aussi frémissant que son vieil époux.

Mon tour vint, elle valsa avec moi.

J'avais fait quelque sensation à la cour de Pologne. Mon nom, ma grande fortune, ma tournure élégante, la charge d'ambassadeur qui m'était confiée, à moi, jeune homme de vingt-deux ans, tout cela avait puissamment contribué à me rendre le héros des bals et des salons.

Lorsque j'emportai, toute palpitante, la princesse valaque dans mes bras et l'entraînai au milieu du tourbillon, tous les yeux se portèrent sur nous; nous valsions bien tous deux, elle avait d'adorables poses en tournant et une sorte de langueur voluptueuse s'emparait d'elle aussitôt, car elle comprenait la merveilleuse poésie de la valse et n'était plus de ce monde aussitôt que le hautbois et le clavecin s'unissaient.

Moi-même, fasciné, enivré, j'oubliai

tout. Nos yeux échangeaient un mourant regard, sa main frémissait dans la mienne, sa taille avait des frissonnements sous mon bras arrondi.

Je ne sais pas ce que dura cette valse infernale, je sais encore moins ce qui se passa autour de nous, pourquoi la foule s'écarta soudain brusquement sur le passage d'une bête fauve; mais, tout à coup, je sentis une douleur aigüe, quelque chose de froid qui pénétrait ma poitrine et je tombai en poussant un cri...

Le prince valaque dans un accès de jalousie et de fureur s'était précipité sur moi et m'avait poignardé.

L'évanouissement succéda pour moi au cri de douleur ; il m'est impossible de me rappeler la scène qui suivit. Seulement, on m'a raconté depuis que le Valaque avait pris sa femme dans ses bras et l'avait emportée, également évanouie, en poussant des exclamations sauvages et brandissant l'arme dont il venait de me frapper.

Pendant huit jours on me crut perdu ; les médecins me condamnèrent. Je vécus en dépit des médecins. Ma force et ma jeunesse triomphèrent.

Le jour où j'ouvris les yeux et repris l'usage de mes facultés, je demandai ce qu'était devenue la princesse? — Nul ne put me le dire ; son mari avait quitté Varsovie avant la fin du bal.

Seulement, un inconnu, me dit-on,

était venu tous les matins savoir en quel état j'étais, et, la dernière fois, apprenant que tout danger avait disparu, il avait laissé un petit papier soigneusement plié et cacheté. Ce papier que j'ouvris avec empressement contenait une simple fleur desséchée, un wergiss-mein-nick détaché de la couronne qu'*elle* portait au bal du roi.

Je savais maintenant que c'était elle qui envoyait l'inconnu et je me promis d'arracher à cet homme tous les aveux nécessaires pour la revoir. Mais cet homme ne reparut plus. Je l'attendis vainement le lendemain et les jours suivants.

Et, pendant ce temps, l'amour que j'avais pour la princesse grandit, grandit toujours, et je me jurai de la revoir, dussé-je bouleverser le monde entier pour la trouver.

Aussitôt que je pus me lever, je demandai des chevaux et partis pour la Valachie.

Soit que le prince se fut présenté à la cour de Pologne sous un nom d'emprunt, soit qu'il eut pris les précautions les plus minutieuses pour que je perdisse sa trace, le prince, dis-je, était inconnu partout. Nul ne le reconnut au portrait que j'en fis.

Je parcourus la Valachie et les provinces Bulgares en tous sens, demandant à tous les échos le nom de sa retraite mystérieuse ; les échos furent sourds.

Une nuit pourtant en traversant une forêt épaisse et sombre, il me sembla voir briller une lumière au travers des futaies. Je me dirigeai sur elle, et, après avoir marché longtemps et péniblement parmi les ronces et les broussailles, je me trouvai au pied des murs d'une sorte de forteresse ceinte d'un fossé et d'une double palissade, percée çà et là d'une fenêtre soigneusement grillée ; une véritable prison en un mot.

J'avais pour toute arme mon épée ; mais quelque chose me disait que j'étais près d'*elle* et je heurtai hardiment au pont-levis, demandant l'hospitalité.

Le hurlement féroce de plusieurs chiens me répondit seul d'abord, puis une fenêtre s'entre-bâilla, un homme m'examina longtemps à la lueur d'une torche, et se décida enfin à venir m'ouvrir en me demandant qui j'étais.

— Un chasseur égaré, répondis-je.

— Mon maître, me dit alors cet homme, est parti pour la chasse depuis une heure, et c'est fort heureux pour vous, car il ne reçoit jamais personne. Il ne reviendra que demain soir. Vous aurez soin de partir demain au point du jour. Ce n'est qu'à cette condition, que je puis consentir à vous introduire au château.

— Je partirai, lui dis-je.

Il baissa le pont-levis et j'entrai.

— C'est singulier, me dit-il avec défiance, vous prétendez être un chasseur égaré et vous n'avez pas de fusil.

— Je chassais à courre, répondis-je,

j'ai perdu la chasse et crevé mon cheval.

Et pour vaincre les hésitations du Valaque, je lui mis ma bourse dans les mains.

Il me fit entrer dans une sorte de salle basse, mal éclairée par des torches de résine.

Autour du feu, une douzaine de serviteurs à mine sinistre se chauffaient gravement et ne se levèrent point à mon arrivée; — seulement l'un d'eux dit à celui qui m'avait introduit :

— Tu as tort, si le maître revenait, tu serais bien certainement un homme mort.

— Tu sais bien qu'il ne reviendra pas.

— On ne peut répondre de rien.

— Nous le cacherions...

— Et si MADAME le voit?

Je comprenais imparfaitement la langue bulgare ; cependant j'avais saisi assez bien la signification de quelques mots qu'ils venaient d'échanger, et, à ce mot de MADAME, qui me révélait l'existence d'une femme, je me pris à écouter attentivement.

—Madame dort, à cette heure, répondit le serviteur, et demain, au point du jour, cet homme sera parti.

Puis il se tourna vers moi :

— Mon gentilhomme me dit-il, avez-vous faim et soif?

— Bien certainement.

— Alors on va vous servir.

CHAPITRE DIX-HUITIÈME

XVIII

—

Le souper qu'on me donna se composait d'une tranche de venaison et d'un pilau de riz.

J'y touchai à peine, j'étais trop vivement préoccupé, mais je bus à longs traits, car je sentais que mes forces épuisées par ma récente blessure et la longue course que j'avais faite, avaient besoin d'être réparées et soutenues si je voulais être sûr de moi dans l'expédition aventureuse que j'allais tenter.

Après le souper, on me conduisit dans le logis qui m'était assigné pour la nuit; — c'était une petite chambre située dans une tour, éclairée par un jour de souffrance au travers duquel filtrait péniblement un rayon de la lune, et d'aspect si triste, si délabré, que la pensée me vint aussitôt qu'on pourrait bien essayer de m'y vouloir retenir prisonnier.

Mon conducteur, le même qui m'avait introduit au château, sembla confirmer ce soupçon, en m'enfermant à double tour, après m'avoir, d'un geste sec et brusque indiqué mon lit, et laissé une torche sur l'unique guéridon boiteux qui se trouvât dans la pièce.

Ces précautions, prises au début,

m'inquiétèrent dès l'abord et me semblèrent devoir paralyser les investigations auxquelles je m'étais promis de me livrer dans le château.

Je n'avais aucune preuve et même aucune probabilité vraisemblable que la femme que je cherchais fût celle dont je venais d'apprendre l'existence, et cependant une voix impérieuse me disait que c'était elle.

Je me couchai d'abord tout vêtu sur

le grabat qui garnissait mon gîte, puis je m'approchai de ma fenêtre et j'écoutai avec anxiété les bruits divers du château qui s'éteignaient un à un ; enfin, lorsque je fus à peu près certain que tous les serviteurs du châtelain absent dormaient d'un profond sommeil, je me dirigeai vers la porte, bien décidé à briser les gonds et les serrures avec le pommeau de mon épée, dussé-je reconquérir ma liberté avec fracas.

Soudain un bruit étouffé se fit près de

moi ; je m'arrêtai anxieux et prêtai l'oreille ; ce bruit, affaibli par la distance ou plutôt par l'épaisseur des murs, ressemblait étrangement à des soupirs étouffés, à des sanglots de femme qui s'exhalaient au milieu de la nuit et dans son profond silence.

J'écoutai attentivement ; — le bruit paraissait venir d'une pièce voisine ; j'écoutai encore... il me sembla qu'une simple cloison me séparait d'eux...

Que faire ?

J'y rêvai deux minutes : l'amour rend ingénieux.

Je me souvins que, sur ma demande, à Varsovie, dans cette fatale nuit du bal, l'orchestre avait exécuté une valse allemande toute nouvelle et dont j'avais apporté l'air, inconnu jusque-là, en Pologne.

A tout hasard, j'entonnai l'air de cette valse, me disant que, si la femme dont j'entendais les sanglots était celle que je cherchais, elle me reconnaîtrait inévitablement.

Mes prévisions ne me trompaient pas; aux premières notes, les sanglots s'éteignirent, un moment de silence leur succéda; puis, tout à coup, une voix encore voilée de larmes, mais fraîche, jeune, harmonieuse, entama le deuxième motif, et cette voix ne me parut plus sortir de l'épaisseur du mur, mais bien entrer par la fenêtre.

J'y courus.

Elle était dépourvue de barreaux par un de ces hasards providentiels que rien n'expliquera.

Je me penchai au dehors, et je vis alors, appuyée aux grilles d'une croisée voisine, une tête de femme que je devinai être la sienne, bien qu'elle fût dissimulée dans l'ombre de la nuit.

— Est-ce vous? demandai-je tout bas,

vous pour qui j'ai failli mourir, vous que j'ai pressée dix minutes dans mes bras et sur mon cœur, vous dont j'ignore le nom et que j'aime de toutes les forces de mon âme?

Je m'arrêtai frissonnant; elle me répondit peu après :

— Est-ce vous qui m'êtes apparu une heure comme un libérateur!

— C'est moi.

— Vous, l'officier autrichien ?

— Moi-même.

— Alors, si vous tenez à cette vie que vous avez failli perdre par moi et pour moi, fuyez, monsieur, fuyez sur-le-champ, je vous en supplie...

— Moi, fuir ?

— Vous ne savez donc pas chez qui vous êtes ?

— Chez l'homme qui m'a assassiné.

— Cet homme assassine toujours. Le poignard du lâche est son arme unique; fuyez.

— Madame, dis-je froidement, je ne sais si mon amour vous offense, si Dieu le permet, s'il ne fronde point toutes les lois humaines... mais je vous aime, et je braverai la mort en souriant chaque fois qu'il me sera donné de vous revoir une heure.

— Il y a assez de gens qui pleurent et souffrent, monsieur, sans en augmenter volontairement le nombre. Vous êtes jeune, riche, honoré; la vie est belle pour vous; oubliez-moi et fuyez.

— Mais vous souffrez, vous, madame?

— Hélas! me dit-elle d'une voix brisée, je souffre comme l'hirondelle retenue prisonnière, comme la fauvette qu'un vautour abhorré opprime sous sa serre; je souffre comme doit souffrir la fille d'un père assassiné au pouvoir de son bourreau.

— Que dites-vous ?

— Savez-vous quel est cet homme qui vous a frappé?

— Je l'ignore.

— Vous me croyez sa femme?

— Pour mon malheur, hélas!

— Vous vous trompez...

—

Un cri de joie m'échappa tandis qu'elle fondait en larmes.

— Je suis d'origine turque, reprit-elle, mon père était un grand seigneur bulgare des bords du Danube. L'homme que vous avez vu, l'homme qui m'a fait son esclave et qui m'a couvert de honte, entendit un soir sonner à la herse de ce manoir. C'était la nuit ; il pleuvait. Nous voyagions, mon père et moi. L'orage nous avait surpris au milieu des forêts et nous avions perdu notre route. Cet homme nous donna l'hospitalité, et, tandis qu'il dormait, tandis que je sommeillais paisiblement dans une pièce voisine, mon père fut étranglé.

Le lendemain, j'étais l'esclave de ce tigre. Il me demanda à l'épouser, je m'y refusai avec horreur; alors commença pour moi le plus affreux des supplices. Il me traîna partout à sa suite, me présentant partout comme sa femme, et me menaçant partout de son poignard si j'osais révéler la vérité. Vous le voyez, je lui appartiens corps et âme; ses serviteurs deviennent mes geôliers quand il est absent, et il est impossible que je lui échappe.

— Vous lui échapperez, dis-je avec feu.

Elle secoua tristement la tête :

— Avez-vous sondé l'épaisseur de ces murs, la profondeur de ces fossés, murmura-t-elle.

— Non, mais l'amour que j'ai pour

vous est si grand, que murs, fossés et barreaux s'écrouleront, se combleront, se briseront devant lui.

— Monsieur, supplia-t-elle, ne vous perdez point et essayons de me sauver.

— Je le tuerai plutôt.

— Il ne se bat point, il assassine.

— Ecoutez, lui dis-je, on m'a donné l'hospitalité à la condition que je partirais au point du jour sans laisser de trace de mon passage. Etes-vous libre d'aller et venir dans le château ?

— Oui.

— Ainsi, la nuit prochaine, vous pourriez venir, à deux heures du matin, dans cette chambre que j'occupe et où l'on m'a prudemment enfermé ?

— Oui.

— Alors, comptez sur moi. Vous me reverrez, et sur l'honneur de mes pères qui étaient des preux, je vous arracherai à la tyrannerie de ce barbare, dussé-je assiéger ce château avec un régiment de l'Empereur. Adieu...

Et je me retirai prudemment dans l'intérieur de ma chambre, craignant qu'une conversation trop prolongée ne donnât l'éveil aux serviteurs du Valaque.

FIN DU DEUXIÈME VOLUME.

Fontainebleau. — Imp. de E. Jacquin.

SUITE DES NOUVEAUTÉS EN LECTURE

DANS TOUS LES CABINETS LITTÉRAIRES

L'Usurier sentimental, par G. DE LA LANDELLE. 3 vol. in-8.
L'Amour à la Campagne, par MAXIMILIEN PERRIN. 3 vol. in-8.
La Mare d'Auteuil, par CH. PAUL DE KOCK. 10 vol. in-8.
Les Boucaniers, par PAUL DUPLESSIS. 3 vol. in-8.
La Place Royale, par madame la comtesse DASH. 3 vol. in-8.
La marquise de Norville, par ÉLIE BERTHET. 3 vol. in-8.
Mademoiselle Lucifer, par XAVIER DE MONTÉPIN. 3 vol. in-8.
Les Orphelins, par madame la comtesse DASH. 3 vol. in-8.
La Princesse Pallianci, par le baron de BAZANCOURT. 5 vol. in-8.
Les Folies de jeunesse, par MAXIMILIEN PERRIN. 3 vol. in-8.
Livia, par PAUL DE MUSSET. 3 vol. in-8.
Bébé, ou le Nain du roi de Pologne, par ROGER DE BEAUVOIR. 3 vol. in-8.
Blanche de Bourgogne, par Madame DUPIN, auteur de *Cynodie, Marguerite*, etc. 2 vol. in-8.
L'heure du Berger, par EMMANUEL GONZALÈS. 2 vol. in-8.
La Fille du Gondolier, par MAXIMILIEN PERRIN. 2 vol. in-8.
Minette, par HENRY DE KOCK. 3 vol. in-8.
Quatorze de dames, par Madame la comtesse DASH. 3 vol. in-8.
L'Auberge du Soleil d'or, par XAVIER DE MONTÉPIN. 4 vol. in-8.
Débora, par MÉRY. 3 vol. in-8.
Les Coureurs d'aventures, par G. DE LA LANDELLE. 3 vol. in-8.
Le Maître inconnu, par PAUL DE MUSSET. 3 vol. in-8.
L'Épée du Commandeur, par XAVIER DE MONTÉPIN. 3 vol. in-8.
La Nuit des Vengeurs, par le marquis de FOUDRAS. 5 vol. in-8.
La Reine de Saba, par XAVIER DE MONTÉPIN. 3 vol. in-8.
La Juive au Vatican, par MÉRY. 3 vol. in-8.
Le Sceptre de Roseau, par ÉMILE SOUVESTRE. 3 vol. in-8.
Jean le Trouveur, par PAUL DE MUSSET. 3 vol. in-8.
Les Femmes honnêtes, par HENRY DE KOCK. 3 vol. in-8.
Les Parents riches, par madame la comtesse DASH. 3 vol. in-8.
Cerisette, par CH. PAUL DE KOCK. 6 vol. in-8.
Diane de Lys, par ALEXANDRE DUMAS fils. 3 vol. in-8.
Une Gaillarde, par CH. PAUL DE KOCK. 6 volumes in-8.
George le Montagnard, par le baron de BAZANCOURT. 3 vol. in-8.
Le Vengeur du mari, par EM. GONZALÈS. 3 vol. in-8.
Clémence, par madame la comtesse DASH. 3 vol. in-8.
Brin d'Amour, par HENRY DE KOCK, 3 vol. in-8.
La Belle de Nuit, par MAXIMILIEN PERRIN. 2 vol. in-8.
Jeanne Michu, *la bien-aimée du Sacré-Cœur,* par madame la comtesse DASH. 4 vol. in-8.

Imprimerie de GUSTAVE GRATIOT, 30, rue Mazarine.

www.ingramcontent.com/pod-product-compliance
Lightning Source LLC
Chambersburg PA
CBHW060647170426
43199CB00012B/1694